低风险
理财
从入门到精通

蚂 蚁◎著

中国铁道出版社有限公司
CHINA RAILWAY PUBLISHING HOUSE CO., LTD.

图书在版编目（CIP）数据

低风险理财从入门到精通/蚂蚁著. —北京：中国
铁道出版社有限公司，2024.1
ISBN 978-7-113-30680-9

Ⅰ.①低⋯ Ⅱ.①蚂⋯ Ⅲ.①投资–风险管理–基本
知识 Ⅳ.①F830.59

中国国家版本馆CIP数据核字（2023）第210913号

书　　名：**低风险理财从入门到精通**
DI FENGXIAN LICAI CONG RUMEN DAO JINGTONG

作　　者：蚂　蚁

责任编辑：吕　芨　编辑部电话：(010) 51873035　电子邮箱：181729035@qq.com
封面设计：宿　萌
责任校对：刘　畅
责任印制：赵星辰

出版发行：中国铁道出版社有限公司（100054，北京市西城区右安门西街8号）
网　　址：http://www.tdpress.com
印　　刷：三河市宏盛印务有限公司
版　　次：2024年1月第1版　2024年1月第1次印刷
开　　本：710 mm×1 000 mm 1/16　印张：13.5　字数：181千
书　　号：ISBN 978-7-113-30680-9
定　　价：69.00元

我是如何实现财务自由的——低风险稳健理财之路

说到财务自由，你会怎么想？很多人都想实现财务自由，但总觉得离自己很远，觉得自己没能力，没条件，没资源，所以也只是想想。

我之前也是这样的，但到后面发现自己竟然也能做到基本财务自由，才发现好多事不是我们做不到，只是我们没当回事。

上学时期，不管是父母还是老师，都教育我们要好好学习，这样将来才能找个好工作，有了好工作才能有好的收入，有了好的收入才能过上好日子。同时还教我们要知足，不要太过于追求高收入，还要稳定，这样生活才能有保障。

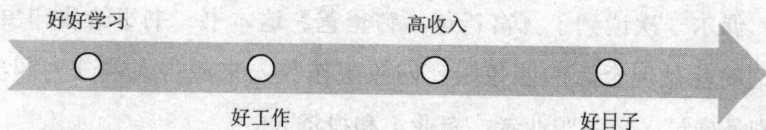

整个过程，都是围绕通过工作赚工资，根本没人告诉我们除了工资收入以外，还可以通过别的办法获得收入。

作为一个听话的孩子，我一开始也是牢记这些教导，好好学习，努力工作。

2007年大学毕业，我找的第一份工作在老家每月工资只有1000元，现在看起来很少，但当时相对于老家2000元的人均工资已经很好了，特别是在还有很多同学找不到工作的情况下，有这个收入就让自己很满意了。

有了收入，该如何规划？同样没人教，也只是和父母一样存银行，每次发了工资在银行卡上就不管了。当时连存定期都没想过，只会存活期。花钱也没计划，看到想买的直接就买了。最终结果就是收入"躺"在银行里，没有多少收益，支出还比较大，经常不到月底钱就花没了。

开支大，钱不够花怎么办？按父母和老师教的，只能找个更高工资的工作。

为了找更高工资的工作，2008年我从老家来到北京。到北京后第一份工作的工资是3 500元，相比之前已经翻倍了，我想着这下应该够花了吧，结果每个月除了房租、吃喝外，能剩下几百元就不错了。还是满足不了自己的需求，那么就继续换工作。两年后工资又涨到了7 000元，又过一年后涨到1万元，后来最高的时候达到18 000元。

收入在不断地增加，可自己攒下的钱却并没有多少。按理每个月都已经有上万元的收入，这么多年怎么也能攒下10万元吧，可回过头来发现自己只能拿出几万元，想要买房，离首付都差得很远。想要只靠努力工作过上好日子这条路很难。除了这条路难道就没有别的路了吗？

偶尔一次读到了《富爸爸，穷爸爸》这本书，书里给我印象最深刻的就是现金流的四象限。四象限按收入来源将人群分为四类，分别是雇员、自由职业者、企业主和投资人。

雇员和自由职业者纯粹就是靠自己的工作来赚钱，工作能力高的赚得多一点，低的少赚一些，但一旦不工作了，就没有任何收入。而企业主和投资人是靠钱来生钱的，就算自己不工作，仍然有收入。但属于这两类的人群很少。为什么会形成这样的结果，就是因为教育和周边的影响。

看到这些，突然有种顿悟的感觉。一直以来，我只是追求工资高、福利好的工作，从来没想过通过钱生钱的方式来增加收入。

我们要成为企业主和投资人确实不太现实，因为要成为企业主，需要自己创办一套系统，创办一家企业；要成为专业投资人，需要有一定的知识储备和相关经历，还要有最关键的资金。

但在资金量有限的情况下，我们也可以进行一些少量投资，也就是通过理财的方式来进行，让自己的收入在原有基础上通过钱生钱的方式再增加一些。这样既有工作收入，还有理财收益，相当于双重保障，这不更好吗？想清楚了以后就开始行动，从此我走上了理财之路。

第一次尝试正好赶上余额宝的出现。2013 年 6 月，余额宝横空出世，当时简直是理财市场上的一个革命性产品。在没出现之前，想要理财还要专门去银行或者证券交易所来进行。有了余额宝，随时随地都可以进行，而且不管钱多钱少都可以，达到了人人都可以理财的程度。

余额宝刚出来时收益比较高，达到 7% 的收益。当时把自己手上仅有的几万元全部投进去，每天都能有几十元的收益，完全够午餐费用。虽然现在它的收益降低了，只有 2% 多一些，但仍然是理财入门的一个选项。

第一次理财就尝到了甜头，然后我就想能不能通过什么方式让自己每月多攒下点钱，于是计划开始强制储蓄。

当时我对储蓄了解得并不是很多，认为要储蓄就只能选择定期存款，一次性存一两年，到期才能取出来，时间有些长。而且当时各个银行还没有推出 App，要每月强制储蓄，我就必须每月去银行一次，操作也不容易，所以就想看看有没有别的方法。

最后我发现了基金定投，只要选好一只基金，设置好金额和时间，每月就可以自动转到基金里，这样就算剩下的都花完了，也能让自己多少攒一点，可以达到强制储蓄的目的。

确定了用基金定投后，根据当时的收入，决定每月拿出 2 000

元进行基金定投。那时候也不知道如何选择，就在银行经理的推荐下选了4只基金，分别是两只货币的，一只混合和一只股票的。现在回头来看，这样选择的结果并不太好。基金定投的好处是可以平摊风险，适合长期理财，所以比较适合选择一些中高风险的混合——指数基金和股票基金，货币基金并不建议选择。但不管怎么样，自己的理财之路又前进了一步。

我的基金定投是从2013年7月开始的，到了2015年初，正好赶上股市大涨，牛市来了，自己的收益也在不断翻倍增长中。在不到两年的时间内，本金加收益都超过10万多元了。可以简单算一下，两年的时间，每月定投2 000元，本金总共是48 000元，最终收益是10万多元。

随着行情大涨，身边很多人都开始疯狂地进入理财市场，跟着买基金、买股票。新闻报道了路边卖菜的大妈都在盯着看大盘。看到这些，我心里有些发虚，想起了那句话，"别人疯狂，我们谨慎，别人谨慎，我们疯狂"。别人都在疯狂地进入，说明要有风险了，于是我决定一次性把定投的资金连本带利全部赎回。就在赎回后不到半个月，市场开始大跌，很多人都被套牢了，亏得很严重。

现在特别庆幸当时自己及早收手，不只没有亏损，还保住了翻倍的收益。为什么很多人理财都保不住收益，就是因为喜欢追涨杀跌，看到上涨了就疯狂地进入，看到下跌了，就想着赶紧出来，结果只能是亏损。

所以，请再次记住这句话：

别人疯狂，我们谨慎，别人谨慎，我们疯狂。

取得了一次胜利，后续就有些不知足了，我觉得基金定投的收益有点低，想追求更高的收益。我想着股市正好下跌，现在进入正是个好时机，可以通过低买高卖来获利。

自从我买了股票以后，生活节奏就完全打乱了。每天上班第一件事就是盯盘，涨一点还好，一旦下跌，我就开始着急，不管做什么事都无法专注，工作都做不好了，整天心神不宁，工作生活都受到了影响。

之前买基金时，银行给我做过一个风险评估，评估结果我属于稳健型，也就是只能接受少量本金亏损，适合选择中低风险的产品，不建议购买股票这种高风险产品。

而且股市真的太复杂了，一般人玩不转，常说的"一平二赚七亏"，真正能在股票里赚钱的概率很小。我花了很多时间研究，最终的结果还是亏钱。这里也建议在选择理财产品时，一定要根据自己的风险接受度来选择，能接受高风险的，就多去接触股票类高风险的理财产品；不能接受的，像我一样属于稳健型的，建议就少碰，能把基金做好也是不错的。

根据统计结果来看，相对于股票，基金有超过 80% 都是盈利的，特别是基金定投，只要你持续的时间在 3~5 年，98% 以上都会有不错的收益。基金也比较适合上班族，不需要专门花时间去盯盘，也不需要太专业的知识，了解即可。基金就相当于把自己的钱交给专业的人去打理，有专人每天帮你盯盘，帮你决定买什么卖什么，只要一开始选好基金，后面就可以完全不用操心。

后续我也开始专门研究基金，投资组合中大多数都是基金，其他是一些银行理财产品和债券类的。最终结果就是在股市行情不是很好的情况下，仍然能够保持不错的收益，目前基本上每年都能保持 12% 左右的收益。

就这样一直到了 2016 年，手里也有了部分资金，我计划在海边买一个小公寓，也算是实现自己"面朝大海，春暖花开"的目标。当时海边公寓的总价是 21 万元，一次性付清，到现在房价已经达到 40 多万元。当时买的时候很多人，包括家人都反对，觉得不合算，是个亏本买卖。

有时候当自己决定了要做就马上去做，很多机会就是在犹犹豫豫中错过的。

现在我手里有了足够的资金，也不犹豫了，直接按自己的决定买入，也算是给自己配置了一份不动产。

随着自己的职业也发生了变化，从雇员转变成自由职业者，虽然还是在靠自己的工作赚钱，但可以做到在不工作的情况下仍然有收入。如录制好课程后，就算你不讲课，只要有人购买课程，我就会有收入的。中间有一个月没讲课，出去旅游了一圈，在旅游的过程中，这一个月依然会有收入。

自己的理财收益也在同步增长中，到了 2019 年，又购入一套房产，居住面积从 40 平方米，变成 160 平方米。

现在回过头来看，真的很庆幸我早早走上理财之路。如果还是像之前那样，只是靠工资来增加收入，可能现在连一个小房子都买不起。

所以也建议大家，在靠工资增加收入的情况下，把其中一部分资金用于投资理财，让收入再多增加一些，多一条路，多一个选择。

本书将我这几年来理财过程中的一些经验进行总结，从理财前的准备，到具体如何选择理财产品与获利，再到不同阶段如何进行资产组合等，形成了一套完善的理财方法。

书中介绍的理财产品主要集中在银行理财产品、债券和基金上，不包含高风险的股票类，比较适合本金少，风险接受度低，能够长期持续的人群，不适合想在短期内就获得高收益的人群。

因为本书主要介绍的是我个人的经验，希望用最简单、最有效的方法和技巧让大家掌握理财方法，对于有些太专业了反而不易操作的东西我做了简化，所以有些内容从专业角度来看可能不够严谨，在此请大家谅解。

接下来，就和我一起开始低风险稳健理财之路吧！

蚂蚁

目录

第一部分 完成盘点，做好准备

第一部分
完成盘点，做好准备

第 1 章　资产负债盘点——明确资金状况才能做出更好选择

很多人都想理财，可当问到现在手上有多少资金可以用于理财时，大多数人却给不出具体数字，想要理财，至少要知道有多少本金可用。

所以，在理财之前，一定要先进行盘点，明确自己现在的资产有多少，哪些是可动的，哪些是不可动的；负债有多少，哪些是需要长期还的，哪些是在短期内还完的；每月的收入和支出分别是多少，能有多少余钱。

盘点可通过填写三张表格进行，分别为资产负债表、收入表和支出表，如图 1-1 所示。

资产负债表	收入表	支出表

图 1-1　盘点三张表

1.1　区分资产负债

在填写前，要先区分出哪些属于资产，哪些属于负债，见图 1-2。按《富爸爸穷爸爸》这本书的定义来说："资产是能把钱放进你口袋里的东西，而负债是把钱从你的口袋里取走的东西。"

比如汽车，花 10 万元买了一辆车，你觉得它是属于你的资产还是负债呢？大多数人觉得自己花钱买回来的，肯定是属于自己的资产。但其实应该算你的负债。首先你买车时已经支出 10 万元。这还不算，买车以后，每月的油费又要支出一部分钱，还有停车费，每年的保险费等。相当于买车后，不只是花了 10 万元，每个月每年还会源源不断地从你口袋里往外拿钱，所以它属于你的负债，如图 1-3 所示。

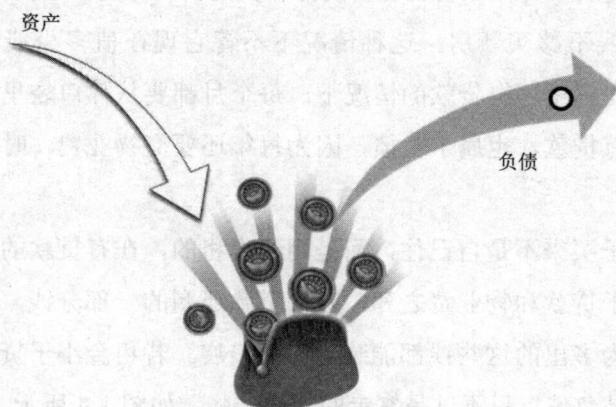

图 1-2 资产负债的定义

只有当你把这辆车真正卖出去以后，10 万元买的，最后卖了 5 万元，这才能算你的资产。

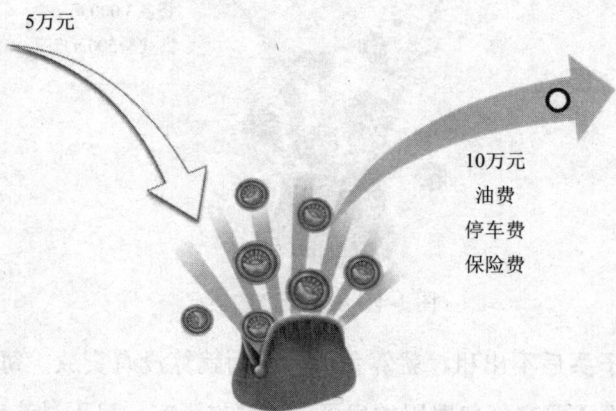

图 1-3 负债情况

建议在不是必须的情况下，能不买车就不买车。现在公共交通已经很方便，公交、地铁四通八达，就算打出租车，在有生之年打车花的钱都没有买一辆车花的钱多。

车还好说，房子就有些复杂了。什么情况下是资产，什么情况下是负债，需要看具体情况。同样，很多人觉得房子肯定是属于资产，因为买进来再卖出去，大概率会赚一笔，所以它属于资产，其实也要分情况来看。

如果你的房子是买来自己住，没打算卖出去，可能卖了就没地方住了，也可能卖的钱不够买新房。这种情况下不管它现在值多少钱，都属于负债。特别是在房子还有贷款的情况下，每个月都要从你口袋里拿走一部分钱。就算没有贷款，也属于负债，因为每年还要交物业费，时间久了还要交维修费等。

如果房子买来不是自己住，而是用于出租的，在有贷款的情况下，若每月租金大于贷款和物业费之和，减去贷款还剩的一部分钱，这才真正属于资产，因为多出的这些钱都能装进你的口袋。若租金小于贷款和物业费之和，它就是负债，只不过是拿走的钱少一些，如图 1-4 所示。

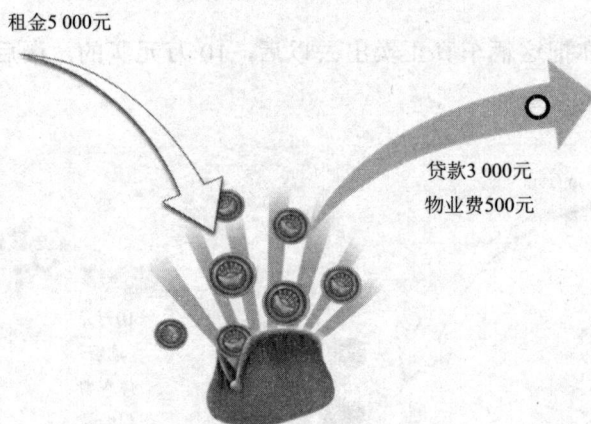

租金 5 000 元

贷款 3 000 元
物业费 500 元

图 1-4　属于资产的情况

如果房子买后不出租，就算负债，因为就算没有贷款，每年还要交物业费。只有不需要交任何费用的房子，才算作资产，只不过流动性差一些，因为房子并非随时能卖掉。

需要注意的是，具体是资产还是负债，还要按填写表格的时间来分析。填写表格时房子没卖掉，没有钱进入你的口袋，它就是负债。填写表格时刚好卖掉了，20 万元买的，卖了 30 万元，那么它就是你的资产。这些钱可以用于投资理财，没有卖掉之前，这些钱都不属于你。

建议每个季度进行盘点，重新填写一次，如果做不到按季度整理，那么最少也要每半年整理一次，不定时更新自己的资产负债情况。

1.2 资产盘点

明确了资产负债，接下来完成资产盘点，如表 1-1 所示。

表1-1 资产负债盘点表

资产				负债			
	项目	现值金额	比例		项目	现值金额	比例
现金	现金			长期负债	房屋		
	银行活期存款				汽车贷款		
	宝宝类基金				其他		
	支付宝						
	微信						
	其他						
	合计				合计		
投资资产	股票			短期负债	信用卡		
	基金				小额贷款		
	债券				外部债务		
	期货				其他		
	定期存款						
	支付宝						
	其他						
	合计				合计		

续上表

资产			负债		
项目		现值金额	比例	项目	现值金额	比例

资产		现值金额	比例	负债	现值金额	比例
固定资产	房产					
	珠宝					
	收藏品					
	合计					
其他资产	保险（理财账户）					
	公积金					
	应收借款					
	合计					
总资产				总负债		
资产净值				负债率		

注：此表格只是一个模板，具体内容可根据自己的实际情况来增删改。

由表 1-1 可知，资产主要分为现金、投资资产、固定资产及其他资产。

（1）现金

现金是那些你能够随时拿出来的钱。若马上要用钱，你在当天内就能够拿到的数目。这里包括家里放的现金。有人习惯在家里放一些现金，以备不时之需。另一类是银行活期存款。因为可以随时支取，所以算作现金。但是现在很多银行都有限制，一天最多只能取 5 万元，超了就需要提前预约。所以现金最多只能算 5 万元，超出部分不算，可以放到下一个投资资产中。

除了银行活期存款外，还有各种宝宝类产品，如支付宝的余额宝，也可以随时存取。但它同样有限额，当日最多只能取 1 万元，超过 1 万元第 2 天才能到账。存了 5 万元，现在急需用 3 万元，当天只能拿到 1 万元，想要一次拿到 3 万元只能今天申请明天才能到账。所以，属于现金的只能算 1 万元，不能马上到账的，都不属于现金。

建议将应急类的现金资金分散存放，银行活期存 5 万元，余额宝中存 1 万元，这样到时候用多少就可以直接取多少。

建议把自己的每张银行卡，每个账户中的资金都盘点一下，或许还会有意外发现。金额在 1 万元以下的，都集中到一个账户中，不要太分散了。不用的账户就注销，因为有些银行还会收小额管理费、短信通知费等，取消了也能省一点。

当然现金并不是越多越好，具体需要多少，后面章节将详细介绍。这里先把你现有的现金情况盘点清楚。

（2）投资资产

这里要强调的是，投资资产填写的是当前现有的市场价，就是你进行盘点当天的价格。买了一只股票，花了 1 万元，但盘点时它是处于亏损状态的，卖出去只能卖 5 000 元，那就填写 5 000 元。

除了当天能取出的以外，其他要隔天才能到账的，也都属于投资资产。余额宝中有 5 万元，现金就填写 1 万元，在此填写 4 万元。

这里只是列举了一些理财产品，如果你还购买其他类型的理财产品都可以补充。分得越细越好，如基金又可以分为股票基金、混合基金和货币基金。不知道如何分的，就先写一个总数。

（3）固定资产

固定资产就是一些你可以卖出去变现的东西，如用于投资的房子，自己住的除外，还有珠宝、收藏品等。这些都可以卖出去，但是流动性并不高，因为不是你说卖马上就能卖出去，而且价格也不好说，所以还是按填写表格的时间来看，当下评估价多少钱就填多少钱。

除了这三部分，其他的就统一放到其他资产中。

包括一些平常不注意的，如购买的投资型保险中，会有一部分是放在理财账户中的，这些是可以取出来的。看一下账户中有多少，不知道如何查看的，可以问下保险业务员或客服。

看看公积金有多少，这些在买房时比较有用。

另外，还有一些你借给别人的钱，确定收不回来的，就不填写了。觉得还能收回的，不管什么时候收回来，都把它写下来。

填写完以后，你所有资产也就清楚了，看看你目前的所有资产总金额是多少。后续可以用于投资理财的资产，主要是现金和投资资产，这两部分你有多少呢？

来看一个案例，小李一家三口，在二线城市有套房，双方都在工作，每月收入一共 8 000 元左右，收入还算稳定，除了日常支出和小孩学费外，并没有其他支出。目前小孩已升入高中，三年后面临需要大学费用，可目前离大学费用差多少并不清楚。这种情况下需要先进行资产盘点。

家里有 300 多元现金，现金填入 300 元。

所有银行卡一共有 2 000 多元活期，还有一笔 13 000 元的一年定期存款，所以现金部分银行活期存款填入 2 000 元，投资资产定期存款中填入 13 000 元。

支付宝余额宝中有 15 000 元，现金中支付宝填入 10 000 元，投资资产中填入 5 000 元。另外，在支付宝中还买了一只基金，花了 3 000 元，所以投资资产中基金部分填入 3 000 元。

微信零钱中有 1 200 元，买了一只基金花了 5 000 元。现金中微信填入 1 200 元，投资资产中基金再加 5 000 元，一共是 8 000 元。

没有购买其他理财产品，所以可以先删除。

固定资产中有套房，但是自己住的，所以不能算。珠宝倒是有条金项链，当时花 10 000 多元买的，送给妻子的结婚纪念礼物，纪念意义大，也不打算卖出，所以也不能算。收藏品没有。这样固定资产就为 0。

其他资产中，只给小孩买了一个保险，并没有理财账户，自己和妻子只有公司给交的保险，并没有单独购买。保险部分为 0。

公积金每月交的并不多，目前总额有 6 万多元，这里填写 60 000 元。

目前借给一位亲戚 2 万元，但不知道什么时候能还，也不好意思直接要，所以先填写 20 000 元。资产负债表如表 1-2 所示。

表1-2 资产案例

资产负债表				单位：元		
资产				负债		
项目		现值金额	比例	项目	现值金额	比例
现金	现金	300		长期负债	房屋	/
	银行活期存款	2 000			汽车贷款	/
	支付宝	10 000				
	微信	1 200				
	合计	13 500			合计	/
投资资产	基金	8 000		短期负债	信用卡	/
	定期存款	13 000				
	支付宝	5 000				
	合计	26 000			合计	/

资产				负债		
	项目	现值 金额	比例	项目	现值 金额	比例
固定 资产	房产	0				
	珠宝	0				
	合计	0				
其他 资产	保险（理财账户）	0				
	公积金	60 000				
	应收借款	20 000				
	合计	80 000				
总资产		119 500		总负债		
资产净值				负债率		

资产负债表　　　　　　　　单位：元

由表 1-2 可知，小李目前所有资产的总金额为 119 500 元，但公积金不能随便取出，借款也不知道什么时候还，所以可用的现金和投资资产只有 39 500 元。

1.3　负债盘点

介绍完资产，下面介绍负债，负债分为长期负债和短期负债两类。

（1）长期负债

长期负债需要很长时间来还账，超过 3 年以上的都算，如车贷一般要 3 年左右，而房贷需要 20 年、30 年。车贷不是看总的金额，是看现在还剩下多少，贷款总金额减去已经还的金额。贷了 10 万元，去年已经还了 2 万元，还剩下 8 万元，就填写 8 万元。房贷也一样。

（2）短期负债

短期负债包括信用卡欠款、各种网贷欠款等，只要是 3 年内要还的都算。另外还有一些借款，向别人借的也算是无息贷款的一种，越早还完越好。把这些都盘点一下。

盘点完以后，看看总负债有多少，也就是把长期负债和短期负债加起来。

再继续看小李的案例。

小李的房子目前每月需要还贷款 3 000 元左右，要还 8 年，这样长期负债总数为 288 000 元。因为离公司不远，只买了电动车，没有买汽车，所以长期负债除了房贷外，并没有其他的。

短期负债方面，信用卡早就不用了，目前用支付宝中的花呗比较多，一般网上购买都会用，但下个月就会还上。只有之前花 6 000 元买了部手机目前分期中，每月还 500 元，还需要还 10 个月。这样短期负债总数为 5 000 元。

总负债为 293 000 元，如表 1-3 所示。

表1-3 负债案例

资产负债表					单位：元
资产			负债		
项目	现值金额	比例	项目	现值金额	比例
现金	现金	300	长期负债	房屋	288 000	
	银行活期存款	2 000		汽车贷款	0	
	支付宝	10 000				

资产负债表						单位：元
资产				负债		
项目		现值金额	比例	项目		现值金额	比例
现金	微信	1 200		长期负债			
	合计	13 500			合计	288 000	
投资资产	基金	8 000		短期负债	花呗	5 000	
	定期存款	13 000					
	支付宝	5 000					
	合计	26 000			合计	5 000	
固定资产	房产	0					
	珠宝	0					
	合计	0					
其他资产	保险（理财账户）	0					
	公积金	60 000					
	应收借款	20 000					
	合计	80 000					
总资产		119 500		总负债		293 000	
资产净值				负债率			

表 1-3 中的总资产减去总负债是多少，就是你的净资产，如图 1-5 所示。

图 1-5　净资产公式

再来算算负债率是多少，即总负债占总资产的比例，总负债除以总资产，如图 1-6 所示。

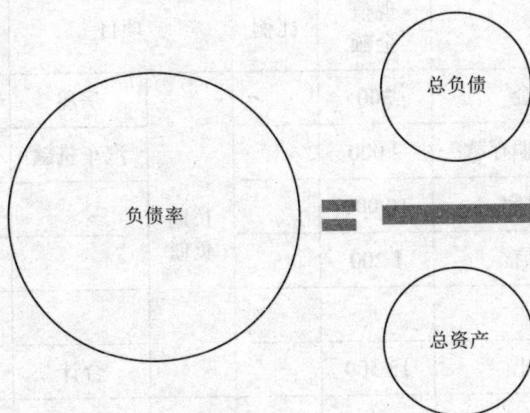

图 1-6　负债率公式

假如，总资产为 10 万元，总负债为 5 万元，那么，净资产就是 5 万元，负债率为 50%。

因为盘点时算的是现在的总资产和总负债，会出现总资产远远小于总负债，负债率超过 100% 的情况。

像案例中小李这种情况，总负债是总资产的两倍多，所以净资产是负数，负债率远高于 200%。

为了更准确，可以将负债平摊后重新算。因为房贷是按每月来还的，只要工作稳定就没什么意外，所以房贷负债改成 3 000。短期的花呗也是按月来还的，也改为 500。这样总负债为 3 500 元。

另外，净资产中也可以把公积金和不确定能不能还的借款去掉。把不确定因素都去掉，只看手上可以动用的资产。

重新调整后，总资产为 39 500 元，总负债为 3 500 元，资产净值为 36 000 元，负债率为 8.80%（见表 1-4）。这样看起来就比较合理了。

表1-4　调整后结果

资产负债表					单位：元	
资产				负债		
项目		现值金额	比例	项目	现值金额	比例
现金	现金	300		长期负债	房屋	3 000	
	银行活期存款	2 000			汽车贷款	0	
	支付宝	10 000					
	微信	1 200					
	合计	13 500			合计	3 000	
投资资产	基金	8 000		短期负债	花呗	500	
	定期存款	13 000					
	支付宝	5 000					
	合计	26 000			合计	5 000	
固定资产	房产	0					
	珠宝	0					
	合计	0					

续上表

资产			负债		
项目	现值金额	比例	项目	现值金额	比例
其他资产 保险（理财账户）	0				
公积金	0				
应收借款	0				
合计	0				
总资产	39 500		总负债	3 500	
资产净值	36 000		负债率	8.80%	

资产负债表　单位：元

　　这里还可以看下资产中现金、投资资产、固定资产分别占总资产的多少。总资产为 10 万元，现金为 2 万元，投资资产为 3 万元，固定资产为 5 万元，那么现金占 20%，投资资产占 30%，固定资产占 50%。

　　这个比例还算正常，如果现金占得较多，说明你还不会理财，很多资产都白白浪费了。现金只保留下能够满足你 6 个月的生活费即可，其他全部可以用于投资理财，也就是投资资产的占比应该大一些。

　　投资资产比例高，说明你的被动收入比较多，如果想实现财务自由，就需要通过投资资产来获得收益。但也要注意保留一些现金资产，这样遇到突发情况需要用钱时，可以不提前支取投资资产，从而不影响投资资产的收益。

　　如果固定资产比较多，说明流动性差，想卖也不是马上就能卖出去的，有一定风险。

具体各个资产占比应该是多少，没有一个定论，每个人的需求不同，资产量不同，风险接受度不同，所以结果也不同。后续章节会介绍不同年龄、不同阶段的资产配置情况。

介绍完资产负债表，下面看一下收支表，需要分开填写两张表格，收入表和支出表。

1.4　收入盘点

资产负债表用于了解你现在的整体资金情况，然后还要看一下你之后的收入和支出情况，每月的资金使用情况，所以收入表和支出表是按月来填写的。只有明确了这些，才能做出更合理的理财规划。

另外也建议这两张表按家庭进行填写，先明确每个家庭成员的收支情况，再得出总和，只算一个人的不太准确。

先来看一下收入表，收入分为三部分，稳定收入、经营收入和资产收入，如表 1-5 所示。

表1-5　收入表　　　　　　单位：元

项目		先生	妻子
稳定收入	工资		
	奖金		
	兼职		
	合计		
经营收入	开店		
	微商		

续上表

项目		先生	妻子
经营收入			
	合计		
资产收入	租金		
	收益		
	合计		
总收入			

（1）稳定收入

稳定收入，大部分人对应的是工资。另外还有奖金，如果每月除了工资外，还有一些奖金，也把它填写上。有的奖金不是按月发，是按年发，金额固定的就平均到每月。如一般到年底会多发一个月的工资，那么就除以 12，把这部分算到每个月中。如果金额不固定，发不发也不确定，就先不填写了，到了发的那个月再填写。

除了工作外，你还有没有兼职收入，如果有，每月也统计一下。

（2）经营收入

自己开了一个小店，这类一般都是有一定成本的，而且每月收入也不稳定，有可能这个月多挣点，下个月就少挣点。

还有各类自由职业者，做自媒体的，这些收入每月都不稳定，所以也属于经营性收入。

（3）资产收入

通过资产来增加的收入就是资产收入，如房子租金，还有已经购买的理财产品带来的收益。

买了一只基金，年化率为 10%，也就是 1 万元一年能得到 1 000 元，平均到每个月是 83 元多，每月这栏就填写 83。如果收益不是实时计算的，如定期存款，只有到期后才能拿到收益，就等获得收益的那一个月再填写。

这三部分都填写完，如果你的稳定性收入较多，说明收入是正常水平；经营性收入较多，会存在一定的风险，后续进行资产配置时，要多准备一些应急备用金。因为现在没钱了，工作还在，过一个月还可以有收入，经营性的，过一个月还能不能有收入不好说，多准备一些后路；如果资产性收入较少，就需要加强投资理财。最终目标是资产性收入越来越高。

还是以小李的情况为例（见表 1-6），小李一家都是普通的上班族，小李每月工资为 5 000 元，妻子每月为 3 000 元，填入对应的稳定收入工资部分；奖金每年不确定，公司效率好的情况下会发一些，不好就没有了，不稳定的资金部分暂时不填入；兼职没有，所以也是 0。

除了工作外，在工作之余，小李还会拍拍视频，学着做自媒体，虽然现在没多少收入，平均每月 50 元左右，但也算是经营性收入，填入经营性收入中。

刚才盘点时有定期存款和几只基金，所以也有资产收入。定期存款因为还没到期，这里暂时不考虑。基金因为买的都是货币的，收益不高，平均下来每月不到 30 元，所以填入 30。

表1-6　收入表（案例）　　　　　　　　　　　　单位：元

项目		先生	妻子
稳定收入	工资	5 000	3 000
	奖金	0	0
	兼职	0	0
	合计	5 000	3 000

项目		先生	妻子
经营收入	自媒体	50	0
	合计	50	
资产收入	收益	30	0
	合计	30	
总收入		5 080	3 000

小李的收入来源主要还是工资收入，资产收入配置少，收益也低，需要调整。

1.5 支出盘点

接下来介绍支出表，也就是盘点每个月日常的各种开销，如表 1-7 所示。

表1-7 支出表   单位：元

项目		先生	妻子
日常生活	房租		
	水电		
	物业费		
	伙食		
	交通		
	通信		
	服装		

续上表

项目		先生	妻子
日常生活	生活用品		
	休闲娱乐		
	学习教育		
	合计		
经营成本	店铺租金		
	进货		
	合计		
投资本金	基金		
	股票		
	合计		
消费贷款	房贷		
	车贷		
	信用卡		
	合计		
保障支出	人身		
	财产		

续上表

项目		先生	妻子
保障支出	大病		
	合计		
总支出			

经常有人说自己是月光族，可是钱具体都花哪儿了，自己也不清楚。针对这种情况，建议一定要好好填写这个表格，最好每月都填写，算是一种记账的形式，这样才能弄清楚每月的支出都去哪儿了。

每月的支出管理很混乱的情况下，无法确定每月能拿出多少余钱进行投资理财，不好做规划，因此想要投资理财，每月的支出一定要管理好。各类支出占比示意如图 1-7 所示。

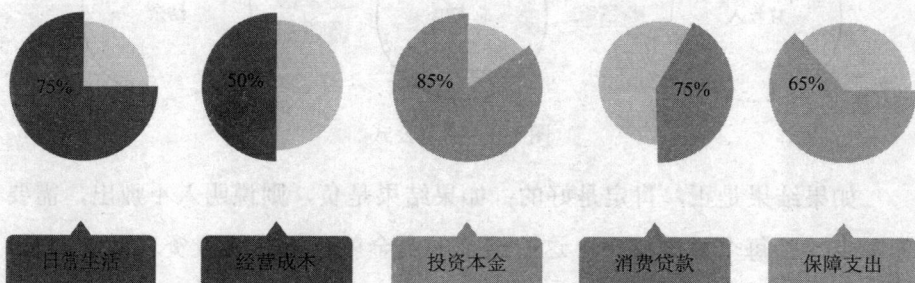

图 1-7　各类支出占比示意

支出包含日常支出，如每个月的房租、每个月的物业费、各种水电费等支出，还有交通、饮食等，都是日常的必要支出。

除了必要支出外，还有一些非必要支出，如买新衣服、请客吃饭等，这些不是每个月都会发生的，但也要记下来。至少要记录半年，才可以算出一个平均值，才能知道是不是非必要支出过多。

另外，还有一些金额较大的支出，如小孩的培训费，如果是按年交的，金额相对固定的，需要平均到每个月。

经营成本对应收入表中的经营性收入，如果你不是靠工作来挣收入，而是自己开店，就要盘点每月的经营支出有多少，店铺的租金每月需要多少钱，每月进货需要多少钱等。

资产性收入也需要投资本金，如果你已经开始投资理财，则盘点每月的投资本金是多少。例如定投了一只基金，每个月需要投 2 000 元，那就填写 2 000。不是定投，是一次性买入卖出的，则当月就记录。

还有每个月要还的各类贷款。看看每月要还多少房贷、多少车贷等。需要一次性还的，按时间来平摊，看看每月要攒多少钱。

除了这些外，还有保障支出、给小孩买的教育险、给自己买的大病险、意外险、给家里买的财产险等，这些也是支出，看看平均每月要支出多少钱。

都填写完了，再看下每个月的结余有多少钱，用总收入减去总支出，看看是正还是负，如图 1-8 所示。

图 1-8　结余公式

如果结果是正，肯定是好的；如果结果是负，则说明入不敷出，需要先减少一些每个月的支出。这些结余的资金就可以作为投资理财的本金。如果每月节余的资金并不多，也需要先多积累一些本金。

　　继续以小李家为例，小李家有自己的房子，所以每月不需要交房租，交通上是电动车，平常也很少打车，坐公交也坐不了几次，所以这两项均为 0；日常生活支出主要用在小孩的教育上，各种辅导班平均下来每月 1 000 元左右；还有每月饮食，即使自己做，每月也得差不多 1 000 元；偶尔还会出去玩，花得不多，休闲娱乐平均每月 200 元左右；一家人买衣服也不多，平均每月也是 200 元左右；还有一些不知道买了什么，可钱就是花没了，先算到日常用品上，每月 500 元左右；其他就是一些物业费和每月的手机费。

经营成本因为只是做自媒体，并没有什么成本，所以为空。

投资本金是存款和基金，都是之前一次买的，并不是每月都要投入，所以也为空。

消费贷款就是之前负债盘点的，每月房贷 3 000 元，还有买手机用的花呗，每月 500 元。

保障支出只给小孩买了个大病险，平均每月为 500 元，支出表如表 1-8 所示。

表1-8 支出表　　　　　　单位：元

项目		先生	妻子
日常生活	房租		
	水电		120
	物业费	60	
	伙食		1 000
	交通		
	通信	69	69
	服装		200
	生活用品		500
	休闲娱乐		200
	学习教育	1 000	
	合计	1 129	2 089
经营成本	合计	0	
投资本金	基金	0	
	合计	0	

续上表

项目		先生	妻子
消费贷款	房贷	3 000	
	花呗	500	
	合计	3 500	
保障支出	大病	500	
	合计	500	
总支出		5 129	2 089

　　全部填写完成后可以看到小李家每月的总支出为7 209元。每月总收入为8 080元，减去总支出，每月只节余871元，节余是比较少的。

　　亲爱的读者朋友，你每月节余多少呢？建议好好填写这三张表格，其中资产负债表是每隔一个季度填写一次，收入支出表是每个月都要填写。

　　明确自己现在的处境，知道是负债多还是资产多，弄清楚每月是收入多还是支出多，才能更好地继续下一步理财投资。

第2章　减少负债——掌握还债原则，避免新增负债

第1章盘点完成后，你的负债率是多少？绝大多数人的负债率很高，这就是为什么现在很多人感觉到压力大的原因。

现在很多年轻人有网贷经历，也就是有负债，这些负债大部分用来购买手机等电子产品。相当于还没有工作、没有收入的情况下，自己就已经欠了债。少一点还好，多了就有麻烦了。

而在80后中，负债压力是最大的，因为要面临车贷、房贷、小孩的教育金、父母的养老金等压力。花钱的地方多，收入却跟不上，只能去借贷。一个还没还完，又新增一个，越贷越多，很容易陷入负债旋涡中。

为什么会产生这种情况，最大的原因是提前消费引起的。

2.1　负债来源

父母一辈往往不提倡提前消费，提倡有多大能力就办多大事。5 000元的手机，现在只有1 000元，钱不够就先不买，等攒够了再买。实际上，这种消费方式是比较稳妥的，如图2-1所示。

攒1 000元　　　　　　　　攒1 000元

攒1 000元　　　　　　　　消费5 000元

图2-1　传统消费方式

随着国外观念的传入，越来越多的国人开始提前消费。现在贷款也比较容易，下载一个App，不需要任何抵押，不需要任何风险评估，直接就能借到钱（见图2-2）。买手机如果钱不够，那么可以去借贷，先买了，能

不能还上再说。

消费5 000元　　　　　　　　负债1 000元

负债1 000元　　　　　　　负债1 000元

图 2-2　提前消费方式

在提前享受一些东西前，还是需要先评估一下自己有没有能力偿还这个债务。任何没有保障的借贷，只会让你陷入负债的恶性循环中。

不要觉得自己有工作，现在没钱，等发工资就有了。万一突然失业了呢？万一公司不能按时发工资呢？万一遇到别的事需要一大笔支出呢？这些都有可能，只要出现了，欠的负债不能按时还，没有收入，为了生活只能再去借一些，这样又新增负债。旧的负债还没还完，又有了新的负债。

除了提前消费会产生负债外，还有一个观念是人们比较相信的"负债杠杆"，就是希望通过借钱来增加收益。现在手里没钱，可以先找人借一部分，把这些钱用于投资理财，等赚了收益后，收益归自己，本金还给别人。

这种方法当然好，但真正能实现的概率很小。因为无法保证投资理财就一定能获得收益。保证能获利的理财方式，收益都没有银行贷款利率高，比银行贷款利率高的，都是有风险不保本的。获利了还好说，亏损了本金都收不回来，拿什么还别人的钱？所以，千万不能借钱来理财。

有人就说了，很多做生意的、开公司的，不都是经常通过银行来借贷吗？没钱进货了，找银行贷款，等货卖了再还。工厂要扩大生产，找银行贷款来新增厂房，后面挣了钱再还上。

这里要区分什么是消费债，什么是积累债（见图2-3）。

（1）消费债

消费债所购买的对象是消耗品。购买的东西会随着时间推移而贬值，甚至消失。通过贷款买了一辆车，这就是消费债。汽车不会增值，只会不断消耗资金。上路要加油费，停车要停车费，就算卖掉了，也不能按买入的价格卖出。大部分负债都属于这一类。

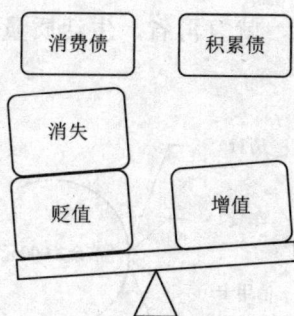

图 2-3 消费债与积累债

（2）积累债

积累债正好相反，是通过借款购买的是能够升值的东西。如做生意、开工厂等，这样做的目的是提升收益。当然，也不能确保一定就成功。进的货可能卖不出去，扩大生产后可能没有订单了，这样欠的钱还是要还的。

但银行在给做生意、开工厂的个人或企业放贷时，不像在 App 上借贷那么简单，有严格的流程，需要评估还款能力，需要有抵押等。

对于个人来说，有人觉得买房是积累债，就贷款多买几套房。现在只能说房子能够基本保值，但已经有些地方的房价开始下跌。而且，房子不是说想卖立马就能卖出去的。在还贷的这几年里，如果收入稳定，能够承担起贷款，那还好说。一旦出现还不上的情况，负债就只会新增。

因为本书介绍的是低风险理财，所以建议除了自己住的房子需要贷款外，其他就不要再有任何负债，更不要说通过借钱来理财。具体关于房贷，后面再进行介绍。

合理的负债比例在 30% 左右较合适，最高不要超过 50%。

现在整个家庭每年收入为 10 万元，最高负债比例不要超过 5 万元，平均到每月不要超过 4 167 元，这里包括房贷和各种其他贷，以及信用卡、支付宝花呗等。

因为家庭收入一年为 10 万元，每月大约 8 000 元，如果负债超过 50%，如要还 6 000 元，那就只剩下 2 000 元可用。这 2 000 元还要用在很多支出上，小孩学费、父母养老、日常衣食住行等。如果支出再多一些，正常生活都可能无法保障，就算再省，生活质量也会下降好多，如图 2-4 所示。

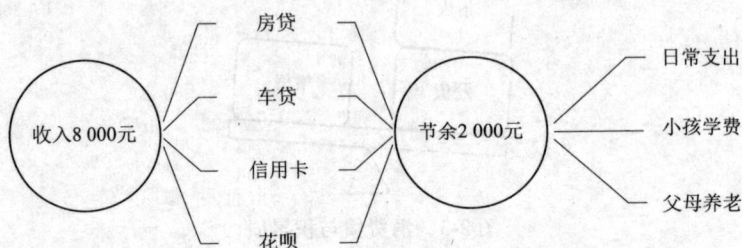

图 2-4　负债压力

下面继续介绍小李的案例。

小李家每月收入为 8 080 元，负债房贷和花呗每月为 3 500 元，占比为 43.3%，离 50% 已经不远了。除了负债外，每月其他支出为 3 709 元，包括日常支出的 2 000 多元，外加小孩的教育费、小孩的保险等，每月只能节余 871 元。

这种情况在工作稳定，没有其他意外支出的情况下还可以承受，一旦出现其他大额支出，没有办法应付，只能通过借贷来解决，这样又会新增负债。另外还要提前准备小孩将来的大学费用，所以压力比较大。

好好盘点你现在的负债情况，看看占比是多少？有没有压力？

2.2　如何避免负债

介绍完了负债来源，下面介绍如何避免负债，具体如下。

（1）长期规划

一定要有长期规划，不要只着眼于当下。不能这个月买了新手机，下个月怎么生活就不管了，至少应该考虑到近半年内的经济状况，要先保证半年内基本的日常生活有保障，然后再考虑其他的。不要总说下个月就发工资了，但是万一发不了呢，万一失业呢。

（2）减少攀比

很多提前消费的负债都源于攀比。现在有些地方，判断你混得好坏是根据车来判断的。开的好车就代表你成功，车不好就代表你不行，更别说没车了。为了面子，好多人都借钱买好车，至于车对自己来说有没有用就不管了，哪怕是一年也开不了两三回的，也要买。

不要总想着通过外在的东西来获得别人的认可，这些都是虚的。咬咬牙买了辆好车，别人也只会夸你几句，可压力只能自己来承担，别人不会帮你。甚至有时别人觉得你赚钱了，还会找你来借钱，你借还是不借？借吧，自己贷款都还不上，本来压力就大，不借吧，好不容易换来的面子又没了。一旦借出去，你的负债就又新增了。

所以不要盲目攀比，自己是什么样就是什么样，活得真实一点吧！

（3）三思而后行

建议在每一笔花销之前，一定要考虑消费是否有必要。要养成三思而后行的消费习惯，很多提前消费都是冲动性消费引起的。

看到一个东西，马上就想要，就算钱不够也想买，可当你冷静下来，买回来以后就会发现自己并不是那么需要。所以在消费之前，一定要冷静，不要马上做决定，等过一周，最少也是三天后再来考虑自己到底要不要买。如果还在犹豫，则记住这句话，"当你买一个东西犹豫时，最好的做法就是不买，而当你决定一件事情做不做时，最好的办法就是去做"。

另外也可以改变一下思维方式，这也是比较推荐的一个理财思维，就是每次买一个东西之前，先要想想你准备通过什么方法把这部分钱挣回来。这部手机是 5 000 元，单靠工资要两个月不吃不喝才能挣回来；不想靠工资，想要靠理财挣回来，按一年 10% 的收益来算，本金最少也要 5 万元，那现在有没有 5 万元本金；没有本金，想靠兼职挣回来，按每小时 50 元算，要 100 小时才能赚回来，每天两小时，要 50 天才行。

这样来看，也能知道提前消费后自己要付出什么，也能减少一些冲动性消费。

（4）清理透支账户

建议把自己的信用透支账户进行清理。首先，信用卡能停就全部停掉。因为现在都是手机支付，手机上有支付宝花呗等，信用卡已经很少用到了，没有信用卡，也能减少一些新增负债的机会。而花呗，也不要一直想着升级额度，能降低最好降低，强迫自己减少新增更多负债。信用透支账户数量也不要太多，只保留两个即可，其他的全部停掉。

（5）保持现金流

要避免负债，最好的方法就是保持一定的现金流。现金流是指能够灵活流动的，随时可以支取的资金，现在要用马上就能到账。也就是上一章节在统计资产时的现金部分。

手里有点钱了，不要全部用来还负债，也不要全部用来购买理财产品，要有一部分保持流动性，可以把它们放到能够随时存取，而且风险比较低的理财产品中。

之前就有人把自己所有的资金都用来买股票，结果家里有事急需用钱，股票却被套牢。当前正处于低点，只能亏损卖出，结果还不够，只能又找人借一些钱。这不仅没有收益，而且新增了负债。如果手里有一些现金流，就可以用来应急，股票不需要卖出，还可以等着后面涨回来，也不需要找人借钱，这样是不是更好？

所以，不管每月剩下的钱有多少，一定要拿出一部分来做现金流，这样面对意外和风险才能更有保障，才能减少新的负债的增加。

2.3　还负债的原则

前面一节介绍了如何避免负债，本节将介绍已经有了负债，而且超出合理范围，压力很大该怎么办？这里首先要说明，减少负债是没有捷径的。

经常会有人问我有没有办法在一年内还完好几十万元的负债。不管是针对负债还是理财，不少人还是有误区，都想用最短时间、最简单的方法来解决。有人想短期内还完负债，又想理财短期内有高收益，这些都是不正确的想法。

理财还有可能一夜翻倍，比如买对了一只股票，一夜翻了好几番，但这种概率很小。想要还完大笔负债，不可能一蹴而就，并没有什么捷径可以走，只能是多挣钱，少花钱，老实还。但是在还的过程中，可以采用一些小技巧。减少负债的原则如下。

（1）从金额小的开始还

如果现在有一笔债务 20 万元，还有一笔债务 2 万元，手里有 5 万元，你会先还哪一个？大多数人会选择先还 20 万元的，觉得金额大的利息高，多还一点利息就能少一些，而且先把金额大的还完，剩下小额的就没什么压力了。

其实这是不正确的，应该先还小额的。先把 2 万元的还了，然后再说 20 万元的（见图 2-5）。因为把少的还完以后，它就不会再产生任何利息。2 万元看着少，但一直不还，时间长了产生的利息也不少。马上还完，也就停止再产生利息了。而金额大的 20 万元还了 5 万元，还有 15 万元会有利息，甚至有一些借款根本不是按你剩下的金额来计算利息的，而是按你借了多少来算的。就算还差 1 万元就还完 20 万元，仍然按 20 万元来算利息，不是按 1 万元来算，这样更不值了。

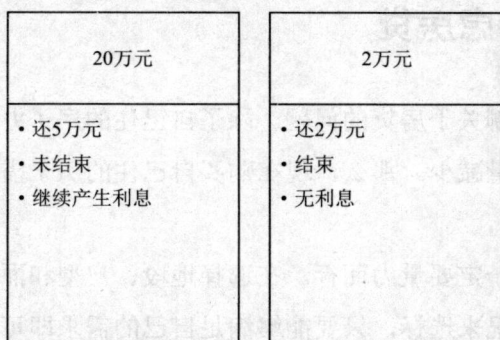

20万元	2万元
·还5万元 ·未结束 ·继续产生利息	·还2万元 ·结束 ·无利息

图 2-5　先少后多

所以应从金额小的开始还，能少一笔算一笔。

（2）把负债时间拉长

在负债确实很多，压力比较大的情况下，尽量申请把还债的时间拉长。

原本是 20 年的房贷，可以申请改为 30 年，这样每月负债就会小一些，压力可以减轻一些，不会让负债压得喘不过气来。

可这样做负债不是反而会更多吗？20 年要还的总金额和 30 年要还的总金额会差很多。确实是这样，从总数上来看确实多了不少，但负债不能只看最后要还的总金额，还要看每次还的占收入的多少。

综上所述，每月收入为 8 000 元，贷款为 6 000 元，还完贷款后每月只剩下 2 000 元，完全不够支出。将贷款时间拉长后，每月还的贷款变为 4 000 元，这样就有 4 000 元用来保障支出，好的情况下还可以攒一些钱，减轻压力的同时还能让你不再新增负债，这才是最重要的。

所以，看下你负债的占比是不是超过 50%，超过太多，负债时间能拉长就拉长，让负债保持在一个合理的范围内。

（3）留出备用金

不要把手上所有的钱都用来还负债，一定要给自己留下一些应急备用金，要保持一定的现金流。

从留下一百元开始，慢慢积累会有大用处。具体积累的方法和金额下一章节进行具体介绍。

2.4 如何考虑房贷

下面再来聊聊关于房贷的问题。除了自己住的房子办房贷外，建议其他的一切负债尽量减少。那么，现在购买自己住的房子需要办房贷时应该考虑哪些问题？

首先，买房一定要量力而行。在选择地段、户型和面积时，一定要根据自己的实际情况来选择，只要能够满足自己的需求即可，特别是在资金比较紧张的情况下。

之前有一位朋友，她家的常住人口只有三个，两室一厅完全可以满足需求，再多一个人，3 个房间完全够用。但她却选了有 5 个房间的，面积很大，总价也很高。不管是首付还是每个月要还的贷款，都增加了好多。

问她为什么要买这么大的房，她说如果朋友、亲戚来了有地方住，也比较有面子。结果朋友、亲戚从来没来住过，多出来的两个房间根本没用上，一直空着。

有多余的资金，还不如做点小投资或买点理财，这样还能有收益。所以，一定要结合自己的情况来选择，适合自己的家庭情况，够用即可。

其次，在准备买房资金过程中，除了考虑首付款外，还要考虑其他费用。因为买房后，并不是只交首付，办房产证时还要交税费；办收房时还要交物业费；装修还要装修费，这些加在一起也不少了。如果不考虑这些，在交了首付后，一分钱也没剩，这些钱又只能通过借贷来解决。买房以后没钱装修，还要在外面租房多住几年，这些租金也是浪费的，不如早点入住省下房租。所以，不要只考虑首付款，要把这些也考虑进去，合理评估资金情况。

最后，在办理贷款时，到底选择等额本金还是等额本息，要结合自己的情况进行。不同的方式还的利息是不同的，也就是说，不要只考虑最后总的金额，要考虑每次还款的金额是不是自己可以承受的，是不是在合理负债范围内。是办 20 年，还是 30 年，也是一样的道理。

笔者比较推荐等额本息，虽然最后还的金额高一些，但每个月要还的金额是固定不变的，可以更方便划分自己每月收入的情况。

不要只看最后的金额，一定要评估自己的还款能力，在不影响自己财务稳定的基础上，再尽量多地还贷。这可能和你之前接触的观念不同，但这样才是比较合适的。

另外手上有点钱后，要不要提前把房贷还了？有人建议提前还，这样就少还很多利息；有人建议不要提前还，可以用这些资金投资理财。

这个问题同样要结合自身的情况来看。如果你的投资理财能力比较强，收益能够超过房贷利率，比如房贷利率为 5%，你的理财收益大于 5%，如能达到 8%，那肯定不建议提前还，因为每年还能多出 3% 的收益。如果你的理财收益小于 5%，建议还是提前还。

第 3 章　本金计算——你离
目标还差多少钱

说到理财，你觉得哪个比较重要？有人说是收益率，收益率的高低直接决定了收益的多少；有人说是本金，本金多，收益率略低也能有不少收益，本金没多少，收益率再高收益也没多少。

其实这里还差了一个比较重要的因素，就是时间。本金少、收益也少的情况下，时间长一些，收益也不错。这就是为什么推荐低风险稳健理财，就是希望用少量的本金和安全系数高的收益，通过长时间来获取收益（见图 3-1）。

本金　　　　　收益率　　　　　时间

图 3-1　完整理财因素

所以，一个完整的理财，要综合考虑本金、收益率和时间。收益率和时间后面章节再详细介绍，本章先介绍本金，会给出一些计算方法，一起来算算自己理财需要多少本金。

理财中有很多计算公式，作为非专业人员来说，这些公式看起来有些复杂，所以这里不介绍具体公式，直接用现成的计算器进行计算。

这些工具可以直接在百度中搜索，也可以在各大理财网站或者是银行官网上找到。如和讯网上，在理财频道中就有各种各样的计算器，直接用即可。

3.1　投资本金计算

先介绍第一种，明确目的，明确收益率，计算需要多少本金。

例如，想在三年后本金加收益达到 5 万元，看中了一个年化收益率为 8% 的产品，现在需要一次拿出多少本金来购买？

直接搜索"投资本金计算器"，在"本金加收益"中输入 50 000，在"年化收益率"中输入 8，在"投资期限"中输入 3，点击"计算"按钮即可得出结果，如图 3-2 所示。

投资本金计算器

本金加收益	年化收益率
50000　　　　　　　　　　　　　元	8　　　　　　　　　　　　　%

投资期限	
3	年 ▲▼

计算

投资本金	40,322.58 元
投资收益	9,677.42 元

图 3-2　投资本金计算器

结果是现在需要一次性拿出本金 40 322.58 元购买，三年后本金加收益才可达到 5 万元。

一次拿出 4 万元有些多，想改成按月购买，同样还是 8% 的收益，三年后想拿到 5 万元，每月需要多少本金？

这种情况可以用定期定额计划计算器来计算，选中"每月投资额度"，输入对应的数值，如图 3-3 所示。

计算结果是 1 233.48，也就是每月需要拿出本金 1 233.48 元，连续购买三年，三年后即可拿到 5 万元。

需要注意的是，这里有复利的概念，也就是这三年内，本金不能停，不能取出，每月都要购买，同时产生的收益也不能取出，而且收益还要继续投资。也就是购买后就要一直购买，中间不能断，还要选择收益再投资。

现在大部分人一次性拿出本金进行投资的比较少，所以按月进行还是比较好的。后面会介绍到的基金定投就是一个比较好的按月进行投资的理财方式。这种方式可以为后续的目标早早打算，比如小孩的教育金、自己的养老金等。

例如，20 年后我要退休，退休时想拥有 200 万元，那么现在每个月需要投多少本金？可以用定期定额计划计算器计算。

在定期定额计划计算器中选中"每月投资额度"单选按钮，在"预期回报率"中输入 10，"投资期限"中输入 20，退休之后想拥有 200 万元，在"期末名义价值"中输入 2 000 000，如图 3-4 所示。

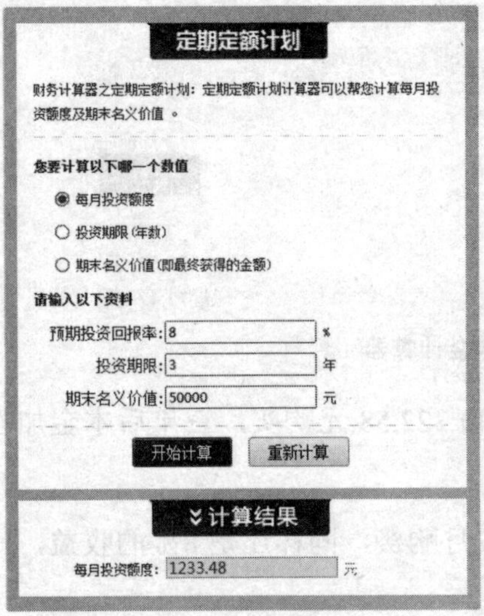

图 3-3　定期定额计划计算器 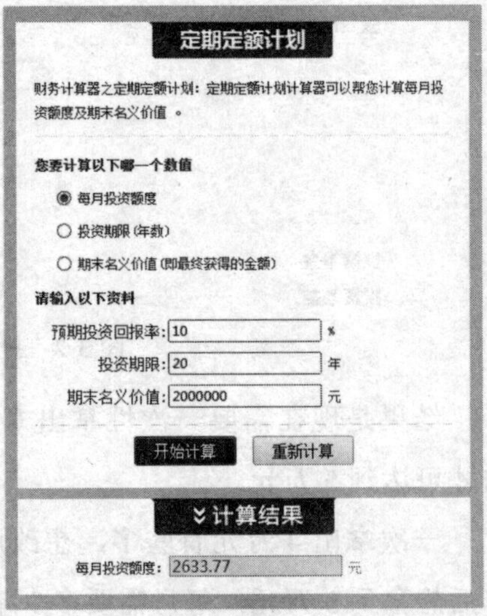　　　　图 3-4　定期定额退休计划

计算结果是 2 633.77 元，也就是你现在每个月拿出 2 633.77 元本金，投资于收益率为 10% 左右的产品，持续 20 年，你就能得到 200 万元。

这样算下来，之前觉得一辈子 100 万元都攒不下，现在每个月只需拿出 2 600 多元，20 年后就能有 200 万元。再少一些，20 年后想要 100 万元，每月需要多少，计算结果为 1 316.88 元。

所以，越早开始理财，本金再少，时间拉长了，结果也会超出自己想象。看看现在你每个月可以拿出多少本金为自己的养老做准备？

3.2 投资收益计算

知道最后想要多少钱，然后倒推计算现在要拿出多少本金。知道现在有多少本金，想知道最后能拿到多少的计算方式如下。

例如现在有 1 000 元，买了一个收益率为 10% 的产品，三年后能拿到多少钱？可用投资收益计算器来计算。

在"计算方式"选项组中选择"投资收益"选项，在"初始投资金额"（本金）中输入 1 000；想知道三年后的收益，也就是投资年限为 3；"预期年投资收益率"为 10%，输入 10。

计算结果为 1 331 元，也就是投了 1 000 元本金，3 年后只能得到 331 元利息，有点少，如图 3-5 所示。

同样，如果每个月连续投 1 000 元，年化收益率还是 10%，3 年后能得到多少。可用"定期定额计划"计算器，选中"期末名义价值（即最终获得的金额）"进行计算，在"预期投资回报率"中输入 10，"每月投资额度"为 1 000 元，投资期限为 3 年，如图 3-6 所示。

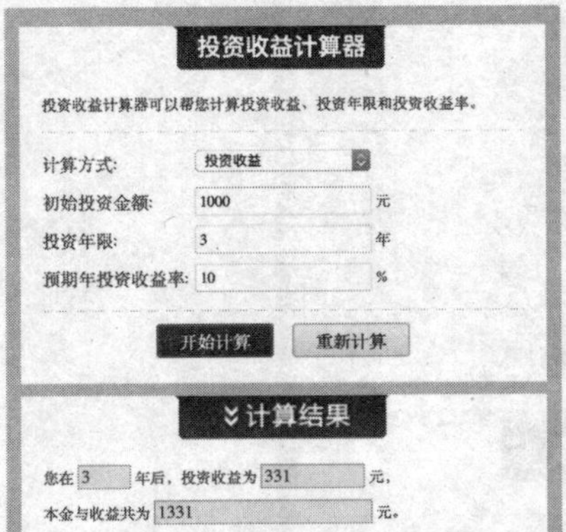

图 3-5 投资收益计算器

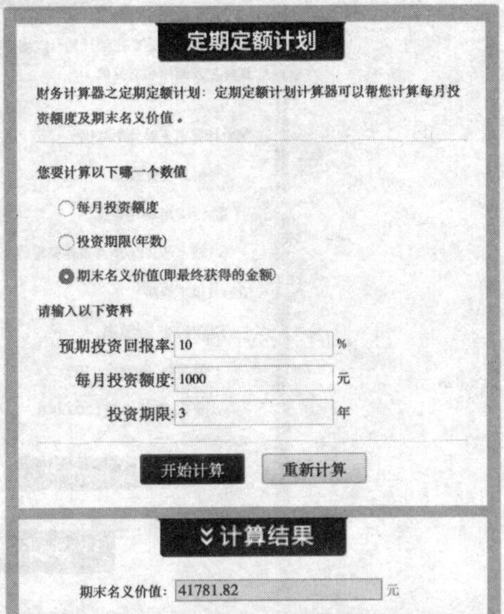

图 3-6 按月投资收益计算

计算结果是 41 781.82 元。也就是 3 年本金为 36 000 元，利息可得到 5 000 多元，比刚才的 331 元多了很多。所以，每月都拿出一些本金来连续投资，比存够了才一次投入收益会多很多。

3.3　投资期限计算

知道了本金有多少，收益率有多少，然后就能知道最后能得到多少收益。下面介绍知道本金有多少，最后总金额要多少也知道，想计算出要投资多久。例如，退休后想要有 200 万元，现在每个月能拿出 3 000 元来投资，利率选择低一些的，只有 4%，这样要多久才能达到目标，也就是多久才能退休。

用定期定额计划计算器进行计算，选中"投资期限（年数）"，在"预期投资回报率"中输入 4，每月投资额度为 3 000 元，在"期末名义价值"中输入 2 000 000，如图 3-7 所示。

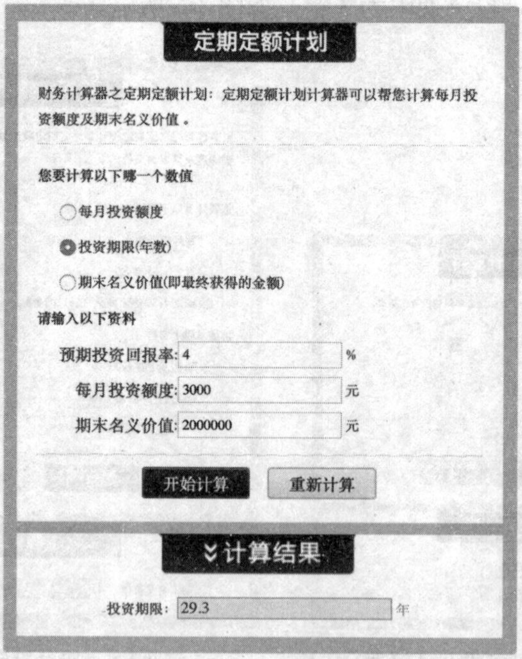

图 3-7　按月投资期限计算

计算结果为 29.3，即需要约 30 年才能达到目标，30 年后才能退休。收益率高一些，按 10% 来计算，结果需要 18.88 年，少了快一半的时间。

这是按每月要投资金额来计划的。如果是一次性投入，该如何计算。例如现在有 1 万元，最后想要达到 5 万元，收益率按 8% 来算，想知道多长时间才能达到。

可用投资收益计算器进行计算。在"计算方式"中选择"投资年限"选项，在"初始投资金额"中输入 10 000，"欲实现本金收益共"中输入 50 000，"预期年投资收益率"中输入 8，如图 3-8 所示。

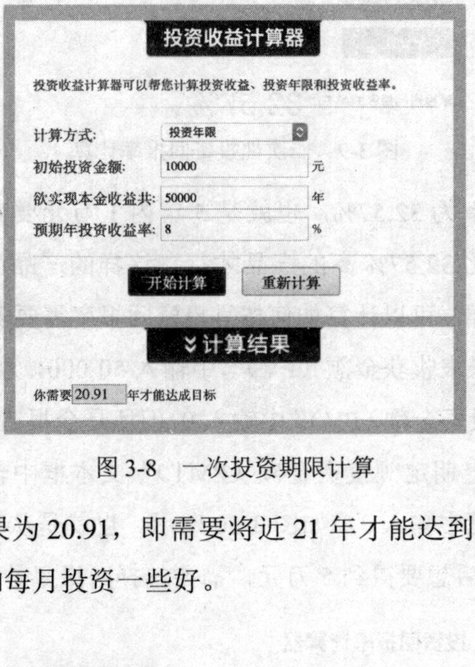

图 3-8　一次投资期限计算

最后计算结果为 20.91，即需要将近 21 年才能达到目标。这样来看，一次投资还是不如每月投资一些好。

3.4　投资回报率计算

以上这些都是知道了预期收益率后再来计算的。如果知道本金，知道最后想要的金额，然后明确时间，该如何计算选择多少收益率的产品。

刚才 1 万元变 5 万元要 21 年，时间太长了，想在 5 年内就实现，那么收益率该选择多少的投资产品呢？用投资回报率计算器来进行计算。

在"您预期未来收获金额（FV）"一栏中输入 50 000，"您现在打算投资金额（PV）"一栏中输入 10 000，因为是一次投入，所以在"您现在每月定期定额投资金额（PMT）"一栏中输入 0，但计算器中只允许输入正数，输入 0 会报错，所以只能输入最小的数字 1，在"您的投资年限"中输入 5，如图 3-9 所示。

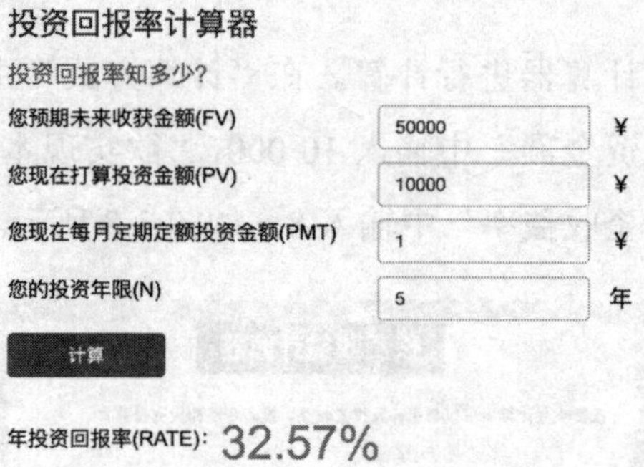

投资回报率计算器

投资回报率知多少？

您预期未来收获金额(FV)	50000	¥
您现在打算投资金额(PV)	10000	¥
您现在每月定期定额投资金额(PMT)	1	¥
您的投资年限(N)	5	年

计算

年投资回报率(RATE): **32.57%**

图 3-9　一次性投资回报率计算

年投资回报率为 32.57%，也就是 5 年内 1 万元要变成 5 万元，需要购买年化收益率比 32.57% 高的产品才行，这样的产品可不多，风险也一定是极高的。同样，可以计算如何按月投资回报率需要多少。

在"您预期未来收获金额（FV）"中输入 50 000，现在是一分也没有，在"您现在打算投资金额（PV）"中输入 0，但还是会报错，所以还是输入 1，在"您现在每月定期定额投资金额（PMT）"文本框中输入 1 000，"您的投资年限"文本框中输入 3，如图 3-10 所示。也就是从现在开始，每月投资 1 000 元，3 年后想要得到 5 万元，需要选择回报率是多少的产品。

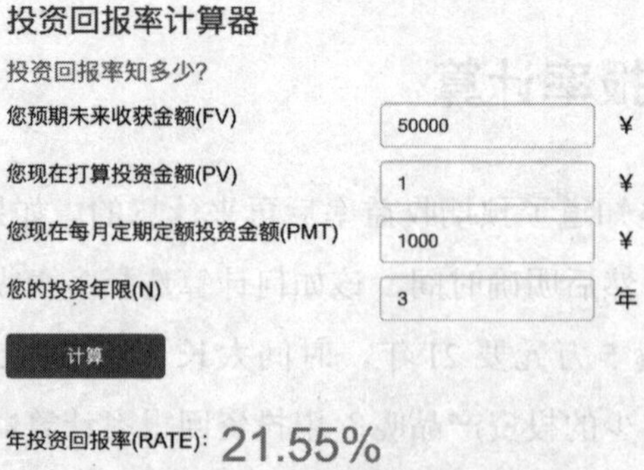

投资回报率计算器

投资回报率知多少？

您预期未来收获金额(FV)	50000	¥
您现在打算投资金额(PV)	1	¥
您现在每月定期定额投资金额(PMT)	1000	¥
您的投资年限(N)	3	年

计算

年投资回报率(RATE): **21.55%**

图 3-10　按月投资回报率计算

年投资回报率为21.55%，这样的产品都是属于高风险的。

3.5　投资本金准备

介绍了这么多，你现在有多少本金呢？如果现在的本金有限，想要获得更多的本金，除了增加收入，就只能减少一些不必要的支出，从而多积累一些本金。

要转变面子观点，不要攀比，按自身的需求进行，不要盲目冲动。当然，也不是要一味地节省，当用不省，当省不用。必要的，肯定是不要强迫自己去省，不必要的，能省就省。

另外建议从储蓄开始，先设立一个小目标，慢慢积累自己的本金。如果你是月光族，每月根本没有余钱积累本金，建议从强制储蓄开始。

首先思维上要改变，不要先消费后储蓄，每个月先花，剩下的才存起来，这样根本攒不下多少的。应该先储蓄后消费，每月发了工资，先把其中一部分存起来，如10%，剩下的再来花，哪怕是都花完了，也不怕。

如果每月能存下的并不多，如100元、200元，推荐采用零存整取方法进行，就是每个月都存一点，到期了可以一次性全拿出来，这些就可以作为投资理财的初始本金。

零存整取是银行定期存款的一种，在银行或者是银行App上可以办理，分为三种，分别是1年、3年和5年的。

每个月都存100元进去，利率按4%来算，一年后能得到1 222.25元，利息看着不高，可是比活期高多了，关键是有1 222多元的本金拿来作为理财的本金，不比一分也攒不下强吗？

零存整取最少要存一年的，中间也可以提前支出，不过提前支取收益就按活期来算了，所以尽量不要提前取出。这样流动性就不太好了，所以建议每月金额少的按此方法来进行。

如果每月可存下的金额较多，如1 000元左右，可以改用12存单法或者阶梯组合法来进行。

12 存单法就是每个月都拿出一部分资金存个一年定期，连续 12 个月。1 月拿出 1 000 元存个一年定期，2 月再拿出 1 000 元重新再存个一年定期，后续几个月同样也是。这样每个月都会有一张一年的定期存款，一年12 张，如图 3-11 所示。

到了第二年，第一个月的存款到期了，如果需要用，可以取出，不用就再把它存为一年定期，还可以在此基础上再加 1 000 元一起存入。第 2 个月也是一样，到期了不用就继续存，用就取出来。这样可以减少提前支出的影响，因为定期存款的利息比活期得高，提前取出同样也是按活期来算，每月都会有一单到期，不用担心提前支出。

1月	1 000元
2月	1 000元
……	……
第二年1月	2 000元
第二年2月	2 000元

图 3-11   12 存单法

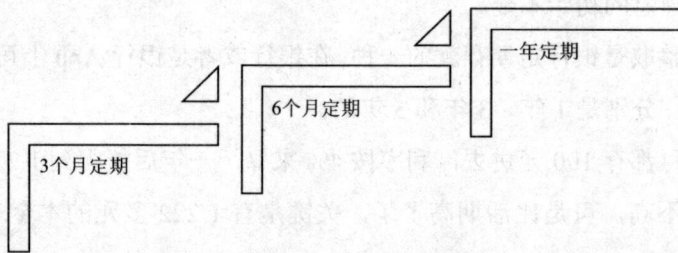

觉得一年还是有点长，可以采用阶梯组合法。同样是每个月拿出 1 000 元，先存个 3 个月定期，3 个月到期了，用不到再转存成 6 个月定期，6 个月到了用不到，再存成一年定期，就这样一个阶梯，一个阶梯地进行，每月都是这样，如图 3-12 所示。这个时间就比 12 存单法缩短了很多。

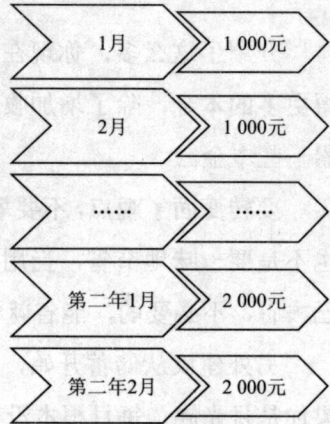

一年定期

6个月定期

3个月定期

图 3-12   阶梯组合法

除了这些储蓄方法外，银行还有很多储蓄产品，后面章节还会继续介绍。

定期存款的收益都不是很高，想要高一些，也可以购买货币基金、债券基金。但是这些起不到强制储蓄的作用，因为可以随时取出。所以，如果你是月光族，一直攒不下本金，还是建议先从储蓄开始，有了一定的本金，再来考虑其他的理财投资。

等攒了一些本金后，是否就可以开始购买理财产品了呢？不是的，还需要先准备好应急备用金。这部分资金要准备多少？可以按你现在每个月的支出情况来定。

现在每个月的基本生活支出在 2 000 元左右，至少要准备 12 000 元，也就是最少准备半年的支出。准备好这部分资金，再来购买理财产品或者是还负债。这样可以避免提前支出理财产品，从而减少影响理财收益，也可以减少亟须用钱时再次新增负债，如图 3-13 所示。

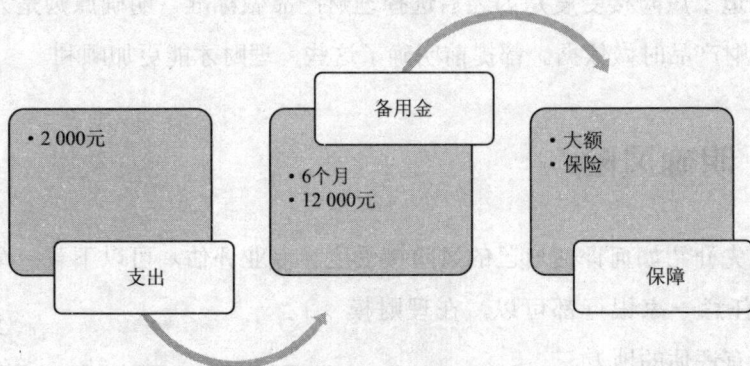

图 3-13　资金准备

而且这部分资金还要保证是可以随时支出的，可以放到银行活期中，或者是放到余额宝类的货币基金中，也就是前面章节盘点时的现金部分。收益多少不要太在意，不要去追求高收益，要追求保本，还有流动性。

准备好这些，只能说是可以保障日常生活的支出，在此基础上，有条件的建议再多准备一些，要考虑到意外事件，如生病住院，还有一些后续的大额支出如子女的教育金等。

如果你已经购买了相应的保险，或者是有其他理财方式，不在这 2 000 元中，那么这部分可以不考虑。如果没有购买，那也要把这部分资金先留出来。这样才能真正达到抵御风险的效果。

第 4 章　定原则——明确风险
接受度与遵循原则

前面提到，选择理财产品一定要选择适合自己的，要在自己可接受的风险范围内选择。如何找到适合自己的，明确自己可接受的风险范围？本章介绍风险接受度如何划分，同时再明确一些自己理财过程中的原则。

知道了风险接受度是为之后选择理财产品做标准，明确原则是为后续管理理财产品时做依据。都提前明确了这些，理财才能更加顺利。

4.1　明确风险

首先介绍如何评估自己的风险接受度。专业评估，可以下载一个银行App，任意一家银行都可以，在理财模块中会有评估的地方。

例如招商银行，在"理财"中点击"更多"按钮，进入"风险评估"，如图 4-1 所示。如果之前没做过评估，就会出来好多题，按顺序回答即可。大多是一些之前有没有理财经历、年收入大概多少、本金亏损后会是什么感受等，答完后就会直接出结果。如果之前做过的，进入后直接就能看到上次的结果，不过有时间限制，一般过半年或一年就需要重新评估。

如果找不到风险评估，就直接选择

图 4-1　风险评估入口

一只基金或者是银行理财产品来购买，不需要真正地去买，之前没在银行买过的，第一次购买也会弹出风险评估的提示，按要求进行答题即可。

结果一般分为谨慎型、稳健型、平衡型、进取型和激进型五个级别，如图 4-2 所示。

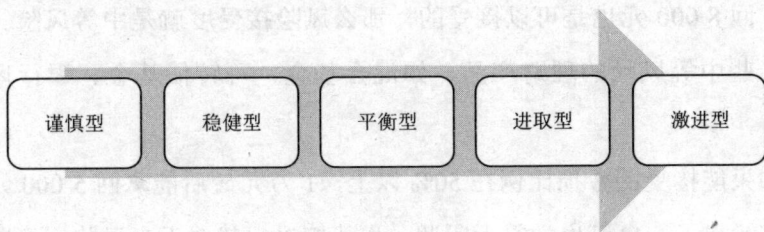

图 4-2　风险等级

- 谨慎型是追求保本类的产品，产品收益较少，受到市场波动和政策法规变化的影响，风险低，收益也低。货币基金就属于这一类。
- 稳健型是可以接受不保本，但收益最好是可控的，比谨慎的稍高一些。如债券基金。
- 平衡型是可以接受一定本金的亏损，但不能全部亏损，对应的收益也有一定波动，但还是要有一些退路，如混合基金。
- 进取型的可接受本金亏损的比例就大了，收益要求也高一些，所以风险就高了，如指数基金。
- 激进型是可以接受股票类的，要么收益翻倍，要么本金亏损。

这样得出的结果比较专业一些，但是很多人做完后还是不太清楚自己到底属于哪一类。还有一些人是在答题过程中并没有确定答案，只是随意做出选择，最终结果也不能真实反映风险的接受程度。

这里再介绍一个简单的评估方法，就是根据自己本金的亏损比例来判断。如果投资了 1 万元，你能接受这 1 万元亏损多少？

如果一分钱也不能接受亏损，就属于抗风险能力低。你能够接受的理财产品也是一些低风险的理财产品，如货币基金、债券基金等。

需要注意的是，现在任何的理财产品都不能再宣传自己保本，也不再承诺一定保本，所以现有的低风险产品都会说明会有一定的亏损，但绝大多数还是能达到保本要求的。

如果能接受部分亏损，亏损比例在 20% 左右，也就是 1 万元，到时候能拿回 8 000 元也是可以接受的，那么风险接受度就是中等风险。可以选择一些中等风险的理财产品，如混合基金、可转债基金、银行理财产品等。

如果能接受的亏损比例在 50% 以上，1 万元最后能拿回 5 000 元，甚至全部亏损了，自己也觉得无所谓，也能接受，就属于高风险，可以选择股票、股票基金、指数基金等。

简介评估方法如图 4-3 所示。

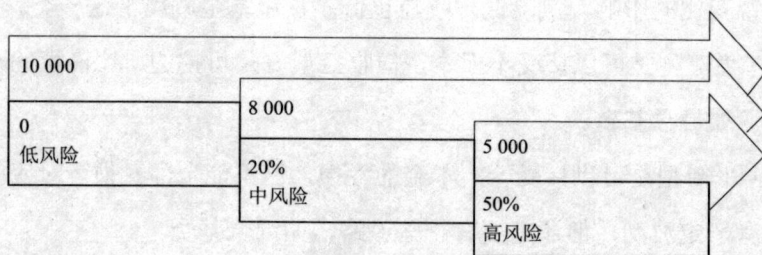

图 4-3　简易评估方法

评估出自己属于低风险的，是否后续就只能购买低风险的理财产品呢？不是的，属于低风险的肯定是以低风险为主，但还是可以根据资金情况来安排一些中高风险的。

例如现在有 1 万元，属于低风险的，低风险理财产品肯定占大多数，可以用 8 000 元购买低风险的，其他 2 000 元可以配置一些中高风险的。一是不会影响自己，二是也可以冲击一下收益。

具体比例需要根据年龄、收入支出、目标等划分，后面介绍投资组合时再进行详细说明。

4.2 明确时间

明确了自己的风险接受度后，为选出更适合的理财产品，还需要明确自己资金的用处和持有时间的长短。

前面提到，每月的收入，除了要准备应急备用资金，要还负债外，还会有一些其他需求，如父母的养老金、子女的学费等。不同的用处，需要选择不同的风险。

例如每月的收入是 5 000 元，除去各种日常开支外还剩 4 000 元，要拿出 1 000 元还负债，1 000 元准备应急备用金，备用金的这 1 000 元要求是保本的，需要选择低风险的理财产品。

剩下的 2 000 元，有 1 000 元是为小孩上学，还有各种辅导班准备的，为了不影响小孩上学，这部分也只能选择低风险的。因为如果选择高风险的，出现亏损时，学费有可能都交不上。

最后剩下的 1 000 元才是多出来的，暂时不会用到的，这部分才可以考虑中高风险的。因为就算全部亏损了，也不会影响自己的生活、小孩上学、还负债的进度等。但如果后续还有一些大额支出，如要买个 4 000 元的手机，这 1 000 元就需要先攒起来，攒的过程不能出现亏损，所以也只能选择低风险的。等买好手机后，没有其他用处了，再买中高风险的理财产品，如图 4-4 所示。

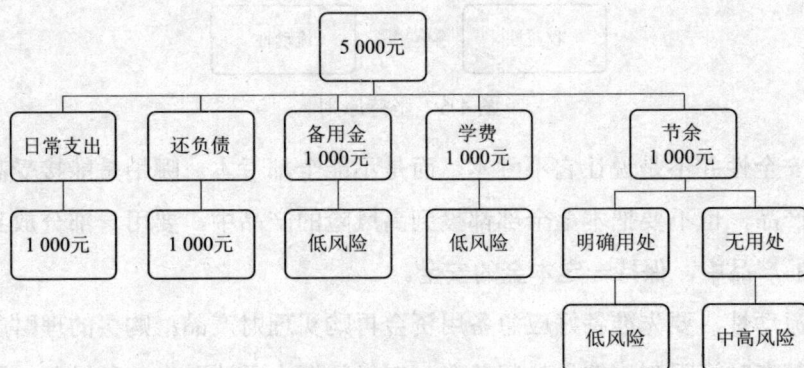

图 4-4 使用时间与风险

现在计算一下，你每月的收入，减去日常支出，减去应急备用资金，再减去有明确用处的资金，还剩下多少？

下面还需要明确在购买理财产品后，能够持有的时间有多长，是短期持有还是长期持有。

例如为了买手机而攒钱，只需准备 3~4 个月，这就属于短期持有，因为最长 4 个月后就要直接全部赎回。而为了养老定投一只基金，20、30 年后才用到，这就属于长期持有。

根据资金的不同用处，来决定持有时间的长短。根据持有时间的长短，来决定选择理财产品的风险情况。短期的一般选择低风险的产品，长期的选择中高风险的产品。

4.3 明确原则

这是明确风险的过程，在理财过程中需要遵循一些原则。在整个理财过程中，一定要坚持安全性、流动性和收益性，如图 4-5 所示。

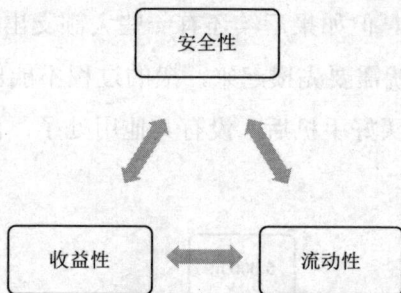

图 4-5 坚持原则

安全性并不是说让它不亏本，而是不能全部亏本。哪怕是能接受高风险的产品，也不要把本金全部都投到高风险的产品中，要用一部分放到低风险的产品中，保持一定本金的安全。

流动性，要先准备好应急备用资金再购买理财产品；购买的理财产品不能都有时间限制。例如封闭基金，在封闭期内无法取出，所以不能用全部资金买它，要进行组合，封闭基金买一部分，开放基金也买一部分。

收益性方面，一定要选择适合自己的。自己只能接受低风险的产品，就不要去追求高收益。但是要注意，再低风险的收益也不能太低，至少要跑过通货膨胀率，按现有的情况来看至少是要高过 4%。

为了达到安全性，需要给自己设定一个期望值，也就是划定一个盈利线和亏损线，如图 4-6 所示。

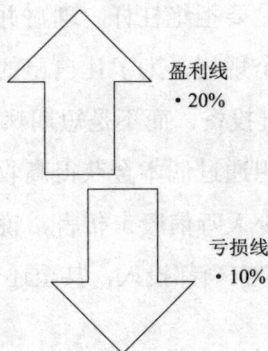

盈利线
·20%

亏损线
·10%

图 4-6 设立盈利亏损线

购买理财产品后，很多人不知道我应该什么时候卖出赎回。判断行情、看走势图等自己也看不懂，不会做判断，所以最简单的就是给自己设置一个比例。比如只要盈利达到 20%，就不管它后面会不会继续上涨，直接全部赎回，保住自己 20% 的收益。

买了 10 000 元的理财产品，现在上涨了 20%，本金加收益达到 12 000 元，直接全部赎回，后面是涨是跌都和自己无关了，保住了 10 000 元的本金和 2 000 元的收益。如果不赎回，遇到下跌，收益就从 2 000 元变成 1 000 元了，甚至 10 000 元的本金也亏损了。

但真正能做到的人很少，往往是上涨后不舍得赎回，还想等着再多涨一些再赎回，结果都是错过好时机。减少贪念也是理财中需要把握的一个原则，原则并不是一定要遵守，但至少有一个衡量标准，当自己做不了决定时，就用原则来执行。

为了减少损失，也需要设立一个亏损线。当市场环境下跌，下跌到自己设置的红线后，就马上赎回来。例如，给自己设置了只要亏损达到 10% 就赎回。当 10 000 元的本金，现在亏损成 9 000 元时，就直接把它赎回，这样也可以减少本金的继续亏损。

需要注意的是，这种情况是在选择理财产品走势一直下跌时要进行这样的操作。如果只是阶段性波动，不建议赎回，建议在低点时再多买一些，也就是继续加仓，等达到自己的盈利线后再赎回。

具体应该怎样判断，后续章节介绍每个理财产品时再进行详细说明。

另外一个大的原则就是要拒绝杠杆。理财并不能让你一夜暴富，理财是为了给后续的生活有一个规划，为了让自己的生活质量高一点，这也就是为什么推荐进行长期稳健投资，而不是短期疯狂操作。

如果只想一夜暴富，想通过低本金获得高收益，只会让你的生活更加混乱，财富越来越少。多少人听信股市传言，说购买了某某股票一夜之间能翻倍，于是将自己的全部家当都投入，甚至还借钱投资，结果家当没了，负债又多了不少。

要记住在股市中七亏二平一赚，即七成股民是亏损的，二成股民是保本的，只有一成股民是赚钱的。当你坚信自己属于那一成时，往往结果你是在那七成里的。

还有，不要乱投资，投资前至少要弄明白它的获利方式是怎样的。人们常说，不懂的就不要碰。

听别人说炒期货能赚钱，你也赶紧去买。请问期货是什么？它是通过什么原理来获利的？这些都说不清楚，怎么知道什么时候该买入，什么时候该卖出？

理财产品种类很多，不需要什么都懂，什么都参与，能弄懂其中一两种，只参与一两种也可以获得不错的收益。笔者之前也是什么都想参与，结果亏损了不少，后来专注于基金，同样获得了不错的收益。而且投得太多太杂，资金太分散，最终收益也并不会好很多。

安全性、流动性、收益性、拒绝杠杆、不乱投资，理财过程中要牢记。

明确自己的理财原则后，即可开启理财之路，首先要积累一些本金，同时还要保持一定的现金流，减少新增负债。下面将介绍积累本金和保持现金流的方法：银行储蓄和货币基金。

第二部分
积累本金，保持现金流

第 5 章　银行储蓄——那些容易忽略的收益，积少成多

本章介绍银行储蓄，即银行的存款方式，这是最早接触的，也是最简单的理财方式。不建议把太多资金放到银行储蓄账户中，因为它的利率相对比较偏低，最新的利率如图 5-1 所示。

2021国内部分银行存款利率下调一览表									
银行/基准利率	活期（年利率%）	定期存款（整存整取年利率%）						通知存款（%）	
		三个月	半年	一年	二年	三年	五年	一天	七天
基准银行（央行）	0.35	1.1	1.3	1.5	2.1	2.75	-	0.8	1.35
工商银行	0.3	1.35	1.55	1.75	2.25	2.75	2.75	0.55	1.1
农业银行	0.3	1.35	1.55	1.75	2.25	2.75	2.75	0.55	1.1
建设银行	0.3	1.35	1.55	1.75	2.25	2.75	2.75	0.55	1.1
中国银行	0.3	1.35	1.55	1.75	2.25	2.75	2.75	0.55	1.1
交通银行	0.3	1.35	1.55	1.75	2.25	2.75	2.75	0.55	1.1
招商银行	0.3	1.35	1.55	1.75	2.25	2.75	2.75	0.55	1.1
浦发银行	0.3	1.4	1.65	1.95	2.4	2.8	2.8	0.55	1.1
上海银行	0.3	1.4	1.65	1.95	2.4	2.75	2.75	0.55	1.1
徽商银行	0.3	1.40	1.65	1.95	2.5	3.25	3.25	0.55	1.1
邮政储蓄银行	0.3	1.35	1.56	1.78	2.25	2.75	2.75	0.55	1.1
兴业银行	0.3	1.4	1.65	1.95	2.7	3.2	3.2	0.8	1.35
泉州银行	0.35	1.65	1.95	2.25	3.15	4.125	4.5	1.04	1.755
厦门银行	0.385	1.35	1.55	1.8	2.52	4.015	4.015	0.88	1.485
中信银行	0.3	1.4	1.65	1.95	2.4	3	3	0.55	1.1
平安银行	0.3	1.4	1.65	1.95	2.5	2.8	2.8	0.55	1.1
华夏银行	0.3	1.4	1.65	1.95	2.4	3.1	3.2	0.63	1.235
北京银行	0.3	1.4	1.65	1.95	2.5	3.15	3.15	0.55	1.1
宁波银行	0.3	1.5	1.75	2.0	2.4	2.8	3.25	0.88	1.35

图 5-1　银行存款利率

国有四大银行活期存款利率统一在 0.3% 左右，定期 5 年也只有 2.75% 左右。前面介绍过，理财收益最低也要跑过通货膨胀率，按现有情况来看最低要跑过 4%，只选择银行储蓄方式是不够的，还需要配置其他的理

财产品。

为什么这里还要介绍银行储蓄呢？因为储蓄是可以起到一些特定作用的。

银行储蓄的特定作用如下。

（1）积累本金

之前介绍的，现在没有多少本金的情况下，可采用零存整取的存款方式来积累。放到别的理财产品中，因为可以随时支取，自控力不强，会花掉，攒不下多少钱。放到银行零存整取中，有次数限制，不能随意支取，还是可以强迫自己攒下一点钱的。

（2）资金保本

资金有明确用途，需要保本，但什么时候用不确定的情况下，可以存到银行里。例如过段时间要买房，具体什么时候买不确定，但只要看中就付款，这类款项是要求保本的，你就不能把它放到高风险产品和低风险的产品中，想用时也不能马上拿到，所以放银行选择通知存款比较合适。

（3）回避风险

当市场行情波动太大，有一定风险时，银行存款就是抵抗风险的好方式。先把资金放银行，等行情稳定了再拿出来购买其他理财产品。

银行存款类型主要分为四类：活期、定期、通知存款及其他类型。

5.1 活期存款

活期存款是最简单的，只要把钱放到银行里默认就是按活期存款来计算的，比较灵活，可以随时支取。需要注意的是，大多银行都有限额，一般通过 ATM 机一天最多只能取 2 万元，通过柜台一天有的最多是 5 万元，有的最多是 20 万元，超过部分都要提前预约。

活期存款的风险最低，对应的利率也是最低的。按年利率 0.3% 来计算，存入 1 万元，存一个月（31 天）也只能得到 2.5 元的利息。

直接搜索"活期储蓄计算器"，输入对应的数字即可，如图 5-2 所示。

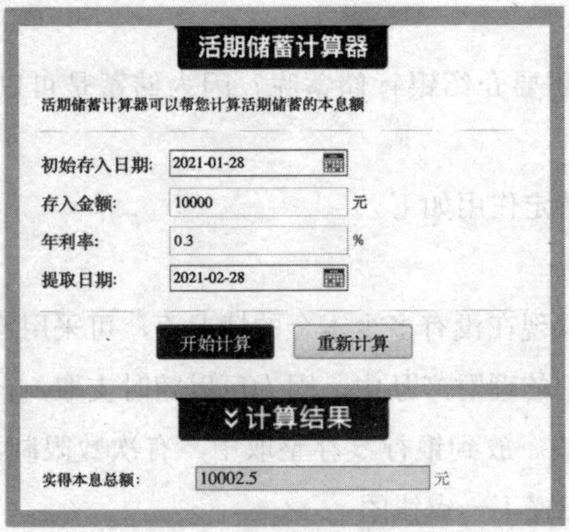

图 5-2　活期储蓄计算

这样来看利息是有点少，同样的资金换一个 4% 的理财产品，一个月能得到 33.39 元的利息，比 2.5 元多出约 30 元。

建议活期存款是尽量少选择，哪怕用于日常消费，也可以选择放到微信或者支付宝的余额宝中，这类产品属于货币基金，收益也比活期高一些。

5.2　定期存款

定期存款在存入银行时就和银行约定好了取款时间，存款时间是固定的，可以一次性全部存入，也可以分批多次存入。取的时候也一样，可以一次性全部取出来，也可以分批次取出，还可以只取出利息。

一次性存入，并一次性取出称为整存整取，也就是常见的定期存款。父母一辈很喜欢这种方式，有点钱就存个一年期、五年期的。

这种方式起存金额是 50 元起，即最少存 50 元，可以选择的取款时间分别为三个月、半年、一年、两年、三年，还有五年。时间不同，利率也不同，存的时间越长，利息就越多，如图 5-3 所示。

从图 5-1 中可看到，工商银行三个月的定期存款利率为 1.35%，半年

为 1.55%，一年为 1.75%，二年为 2.25%，三年为 2.75%，五年的同样还
是 2.75%。

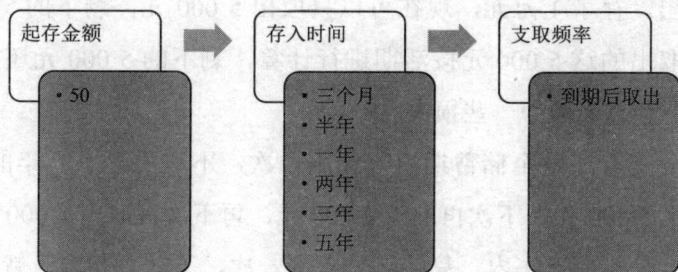

图 5-3　整存整取

利息计算公式是：利息＝本金 × 利率 × 存款时间。搜索"整（零）
存整取"计算器进行计算。存三个月，利率按 1.35% 来算，存入 10 000 元，
可得到的利息为 33.75 元，存一年利息为 175 元，存五年利息为 1 375 元，
可以看到利息差距还是比较大的，如图 5-4 所示。

图 5-4　整存整取收益计算

整存整取比较适合长时间不用的资金，看重安全性又追求保本的可以
选择。在存入前，一定要明确资金多长时间不用，选择适合期限存入，这
样才能保证收益。因为如果没到期前提前取出，利息就不是按定期存款的
利率来算，而是按活期利率来算。

五年的 2.75% 和活期的 0.3% 还是差了很多的。本来计划存五年，结
果存了不到半年就要取出来，原本有 1 375 元利息，现在只有 12.51 元的

利息。

当然，提前支取并不一定要全部取出来，可以一次性全部取出，也可以部分取出。存了1万元，现在可以只取出5 000元，剩下的5 000元继续存着。取出的这5 000元按活期进行计算，剩下的5 000元还是按定期进行计算，利息能减少一些损失。

但部分支取在整个储蓄期内只能用一次，不能说存了五年的1万元，这次先取出5 000元，下次再取出2 000元，再下次再取出1 000元。不能这样操作，在整个五年内，只能部分支取一次，下次再想取，就只能一次性全部取出。存了五年的1万元，第一次可以先取出5 000元，再下次不管用多少，只能全部取出，五年的定期储蓄就作废了。

想要在储蓄期限内多次支取，可以选择整存零取。整存零取也是一种定期储蓄，一次性存入一笔资金，在储蓄期内可以按约定分批次，多次来支取。

整存零取的起存金额为1 000元，存入时间可以选择一年、三年和五年，分批次取也不是随时想取就取，在存入时也约定了支取频率，可以每月取、每季度取或者每半年取，如图5-5所示。

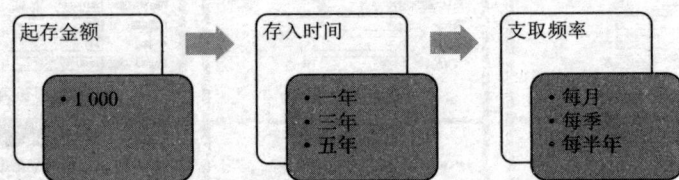

图5-5　整存零取

利息计算公式是：到期利息 =（全部本金 + 每次支取金额）/2 × 支取本金次数 × 每次支隔期 × 月利率。直接搜索整存零取计算器进行计算即可。

在多数计算器上可以看到有三种计算项目："每次支取金额"是算一次性存入了一笔资金，想看下每次取时能取多少；"初始存入金额"是知道每次要取的金额，想看下现在需要一次性存入多少钱；"储蓄存期"是知道一次存多少，也知道每次要取多少，先看下要存多久。

先计算每次可以取的金额。现在一次性存入 1 万元，计划存一年，按月取，这里利率按定期存款一年的利率 1.75% 计算即可。计算结果是每个月可以取出 833.33 元，利息为 94.79，如图 5-6 所示。

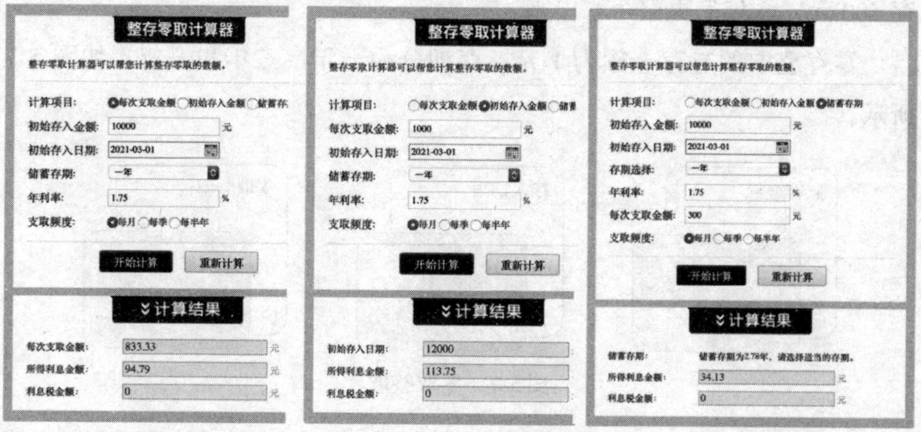

图 5-6 整存零取收益计算

这种方式特别适用于日常开支，如小孩上学，每月都要给生活费，一次给太多怕乱花，就可以选择这种储蓄方式，每月自动打到账户上，多多少少还能有一些利息。

反过来算一下，每月 800 元的生活费有些少，想要每月领到 1 000 元，需要一次性存入多少钱？选择"初始存入金额"进行计算，每次支取金额是想要 1 000 元，其他都不变。计算结果是需要一次存入 12 000 元，最终利息可得到 113.75 元。反正每月都要给，能多 100 元的利息也不错。

再来计算存期的，选中"储蓄存期"，一次存入 1 万元，每月想取出 300 元，不知道存多久合适，那就先选择一年，利率也按一年进行计算，计算结果是储蓄存期为 2.78 年，也就是选择存三年比较合适。

整存零取也可以提前支取，等不到每月拿了，可以提前取出一些。但是要提前支取，只能一次性全部取出，不能取一部分留一部分，要取就全部取出。

1 万元存了一年，本来约定好每月取一次，现在只过了半年，需要用钱，想要提前多取出一些来，可以提前取出，但要取就只能一次性把剩下的全部取出来，不能说只取 2 000 元，剩下的继续走整存零取。

和整存零取对应的是零存整取，就是前面介绍积累本金时建议使用的方式，每个月存一点，到期再整个取出，就可以作为理财本金使用。每月存 500 元，一年后再整个取出来。

零存整取的起存金额为 1 元，存期分为一年、三年和五年，如图 5-7 所示。

图 5-7 零取整取

利息的计算公式是：利息 = 月存金额 × 累计月积数 × 月利率。计算起来有点复杂，可以搜索整（零）存整取计算器进行计算。有两种计算选项："到期本息总额"就是知道自己每个月要存多少，最后本金和利息一共能拿到多少；"计算初期存入金额"就是知道最后要多少，每月需要存入多少。

如图 5-8 所示，每月存 500 元，准备存一年，利率还是按一年的定期 1.75% 进行计算，最后的结果是 6 056.88 元，也就是利息为 56.88 元。想一年后本金加利息得到 1 万元，在"到期本息总额"中输入 10 000，其他不变，计算结果为 825.51，也就是每月需要存入 825.51 元，一年后就能得到 1 万元。本金是 825.51×12=9 906.12，利息为 93.88 元。

每月的扣款日期可以自己定，建议选择发工资后的第二天，工资一发就先扣除一部分，剩下的再消费。每月 10 号发工资，扣款日期就设定成每个月 11 号，强迫自己先储蓄后消费。

如果其中一个月没发工资，扣款失败，也不用怕，等下个月发了工资，它会把这两次的一起扣。但要是连着两个月都没扣款成功，零存整取就失效了，就不再按定期的利率来计算，改成按活期的利率来计算。这样利息就又有损失了，所以需要确保扣款账户中的余额。

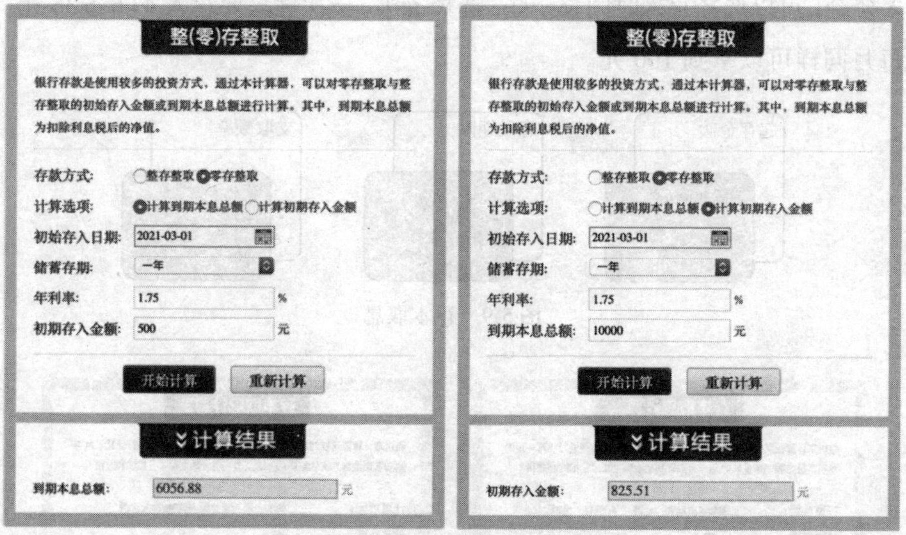

图 5-8　零存整取收益计算

零存整取也可以提前支取，计划存一年，现在只过了 3 个月，可以提前取出。但要提前取出只能是一次性全部取出来，不能分次取出。要取只能把这 3 个月的全部取出，不能只取 1 个月的。当然，利息同样会损失，所以还是能不取就不取吧，强迫自己存下一些。

下面再介绍另一种定期储蓄方式，存本取息，就是一次存入一定的金额，然后每个月只取利息。

存本取息起存金额高一些，5 000 元起存，可以选择的期限是一年、三年和五年，存入以后可以按月取，也可以按约定好的次数取，如图 5-9 所示。

每次能取到的利息计算公式是：每次支取利息 ＝ 本金 × 存期 × 利率 / 支取利息次数。可以搜索存本取息计算器进行计算，先按"每次支取利息金额"进行计算。一次性存入 10 000 元，存一年，这样每月可以取出 14.58 元，到期后可以取出 10 014.58 元，如图 5-10 所示。

如果每个月想拿到 100 元，一次性要存入多少钱？按"初始存入金额"

进行计算，在"每次支取利息金额"中输入 100，其他不变，计算结果是一次性要存入 68 571.43 元，这样每个月才能拿到 100 元。如果没有这么多资金，可以选择存入时间长一些，选择五年，一次性只要存入 43 636.36 元，每月同样可以拿到 100 元。

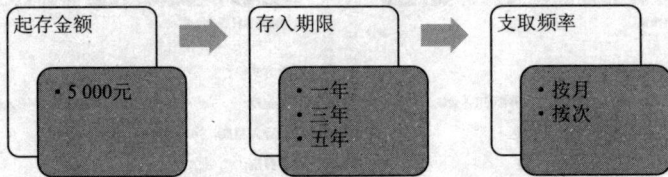

图 5-9　存本取息

图 5-10　存本取息收益计算

根据结果可以看出，这种存款方式比较适合大额资金，一次存入一大笔金额，每月靠利息就可以满足日常家用。这种方式也可以提前支取，但提前支取，之前已经拿了的利息会收回来，然后重新按活期计算，这样利息又会受损。

5.3　通知存款

通知存款分为一天通知存款和七天通知存款两类：一天通知存款需

要至少提前一天通知银行；七天通知存款需要提前七天通知银行。收益要比活期高一些，活期为 0.3%，一天通知存款为 0.55%，七天通知存款为 1.1%。

通知存款的起存金额比较高，5 万元起存，特别适合有大额资金，有明确用处，但不确定具体什么时候用的人来使用，如图 5-11 所示。

图 5-11　通知存款

这几天准备买房了，首付 20 万元已准备好，但还在看房，什么时候看好不确定，也就是使用时间不知道。因为这 20 万元是有明确用处的，所以要保本，不能去购买高风险的理财产品，低风险的理财产品流动性又不强，基本都要几天后才能到账，遇到节假日更晚。存成银行活期，一是利率低，二是很多银行有限额，超出部分要提前预约。既然都要提前预约，何不弄个通知存款，收益还比活期的高。

现在看好房了，如果存的是一天通知存款，那就可以约定好后天交首付，今天就通知银行，后天直接就可以取出；如果存的是七天通知存款，就需要和卖房的约定好一周后交首付，今天通知银行，一周后就可以取出。

利息通过搜索通知存款计算器进行计算。20 万元在 3 月 1 号存进去，办理了一天通知存款，3 月 10 号取出来，计算结果是 200 027.5 元，利息为 27.5 元。办理七天通知存款，利息为 55.01 元，如图 5-12 所示。

采用这种存款方式仍然是可以提前支取的，本来约定好提前七天通知，现在等不到七天，明天就要急用，只能提前取出，也是按活期来计算利息的。

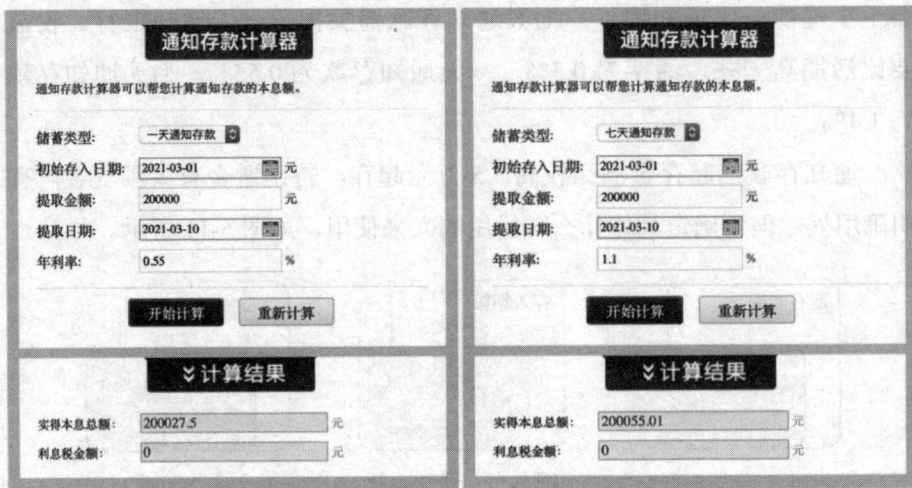

图 5-12　通知存款收益计算

5.4　其他储蓄

除了这些以外，银行还有其他的储蓄类型，如定活两便，即可以像活期随时存取，也可以享受定期的利息，但不是全部利息，是要打折的。

存期不足 3 个月的，按活期来算利息；存期 3 个月以上，不到半年的，按定期三个月的利率打六折算；存期半年以上，不满一年的，按定期半年利率打六折算；存期一年以上的，无论存多长时间，都按定期一年的利率打六折算。

起存金额是 50 元。适合一年内需要用到，但不确定什么时候用的钱。若是使用时间超过一年以上，不如直接存一年定期划算。

有的银行还会有一些专门用途的储蓄，如教育储蓄，专门为小孩教育进行的储蓄，日期可以选择一年、三年及六年，利率倒是比定期略高一点。

给小孩准备教育金还是建议通过基金定投方式进行，不需要一次性存入多少，只需每月存入一些即可，越早准备越好，可以选择一些中等风险的，如混合基金，定投 5 年、10 年的，收益会比储蓄高很多。详细方法后面将介绍。

5.5　注意事项

介绍完银行储蓄，下一步就是要去办理了。该怎么办理，需要注意哪些事项？

选择银行时，尽量选择当地的商业银行。通过开头的存款利率表可以看出，大银行间的利率相差不大，小银行之间就有差距。所以想要利率高一些，可以选择当地的商业银行进行。

小银行有人会担心有风险，万一破产、跑路了怎么办？这个请放心，银行是受到国家严格监控的，所以不会发生跑路的情况，破产倒是有可能的。破产后如果你的金额在 50 万元以下，也不需要担心，超过 50 万元的才需要担心。因为按规定，银行发生破产风险后，每个人最高只赔 50 万元。存了 60 万元，真出现风险，只能赔你 50 万元，多的 10 万元就没了。但是银行出现破产的概率是极低的。

选择好银行，就需开通对应银行的账户，至少要有一张对应银行的银行卡。通过银行柜台办理，在办银行卡的同时开通手机银行，后续的操作就可以在手机 App 上进行操作。

打开任意一家银行 App 看看有没有活期转定期，定期转活期功能。因为储蓄不是银行的主推业务，可能会不太好找，找不到的话可以联系客服人员问一下。

找到后就可以办理了。在操作办理过程中需要注意以下一些事项，如图 5-13 所示。

（1）自动转存

在办理定期储蓄时，要注意勾选"自动转存"，简单说就是在定期到期后，自动再按定期存入。现在办理一个一年的定期存款，一年到期后，没有勾选"自动转存"，会变为活期存款，利息就低了；勾选了"自动转存"，到期后会自动再存为一年定期，这样利息能少点损失。因为定期的时间都很长，经常会不记得什么时候到期，所以建议不管后面还存不存，都勾选上。反正可以提前取出来，要是不用，利息就能多一些。

减少损失	化整为零	环境变化
· 自动转存	· 12存单法 · 阶梯法	· 短期 · 长期

图 5-13　注意事项

需要注意的是，有的银行可以无限次自动转存，就是自动存一年，第二年还可以再继续；有的银行默认只能存一次，一年到期了，只能再存一年，到了第二年就不默认再转存，需要手动进行操作。具体可以看看各个银行的说明。

（2）化整为零

因为定期储蓄的流动性不强，提前支取会损失到利息，所以建议在办理时化整为零，不要一次性存入，要分为几单进行。可以采用 12 存单法和阶梯法进行，有 1 万元，不要一次性存为一单一年的定期，可以分成 12 份，存为 12 单一年的定期，这样就算需要提前支取，只需取出相应的金额即可。要用 2 000 元，只需提前取出三单即可，剩下的九单还是定期一年，并不影响。

（3）环境变化

在办理时，要根据当前的经济环境来选择时间长短，并不是越长越好。当前经济环境不是很好时，建议存款选择短期的，因为这时经济不好，银行利率较低；当经济出现好转，各个银行开始提高利率时，还是建议选择短期，因为利率刚刚提高，还不太稳定；只有当经济环境比较稳定时，才建议选择长期的，因为这时银行利率相对都是比较高的。选择长期，再出现环境变化时也不怕，因为它是按存入时的利率来计算的。

第 6 章 货币基金——基金入门产品，保持现金流的最佳选择

当自控力不强时，可以选择定期存款强制储蓄，从而积累本金。同时也建议通过拆分定期的方式来保持现金流，减少提前支取。但定期存款的收益并不高，三年、五年的收益也才 2.75%。而当自控力还不错，可以控制住自己不乱花时，可以选择另一种方式来积累本金，保持现金流，就是货币基金。

货币基金的收益普遍在 2%~3%，有时没有定期存款三年或五年的高，但肯定比一年的定期存款要高，关键其优点在于流动性强，可以随时支出。一般小于 1 万元的当天即可到账，大于 1 万元的第二天到账。

下面主要介绍基金的定义、分类和购买时需要考虑的因素，在介绍的同时会介绍货币基金。

6.1　认识基金

基金公司把众多投资者的资金汇集起来，把这些资金交给银行来托管，然后基金公司指派基金经理来管理和运作，他可以用来投资于股票、债券、外汇、货币等，获得收益后再分给投资者，如图 6-1 所示。

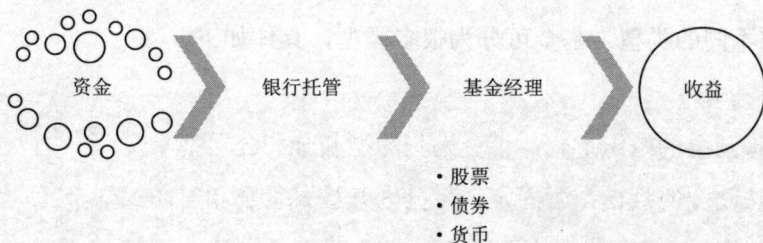

图 6-1　基金定义

基金的特点有两个。

一是基金资金受到多重保障。把汇集起来的资金交给银行来托管，也就是购买基金的钱，不是直接给基金公司，也不是直接交给基金经理，而是放在银行。

基金经理在进行买入、卖出操作时，需要给银行发出信息，银行代他处理，他自己是没有办法直接接触到资金的。这就保证了资金的安全，不会发生像 P2P 一样跑路之类的风险。

二是基金是专业化管理的。作为非专业人士，在购买股票时，大部分都是根据自己的想法进行的，并不会用很专业的手段进行预测、分析。

基金经理作为专业出身，具有一定理论功底和实战经验。他们在分析判断时，会运用比较科学专业的方法进行，他们也懂得如何更好地避免亏损风险。所以，他们比普通投资人肯定是更为专业的。

基金经理的操作也不是可以随意操作的，是受到严格监管的，有各种规定、各种规章制度约束他，所以出问题的可能性还是很小的。只不过不同基金经理的业务水平有差距，最终收益也会有差距。

让专业的人去做专业的事。这就是为什么说基金比较适合上班族。上班族要做的就是好好上班，努力多挣钱，把挣的钱拿一部分交给这些专业的人来替你管理。

6.2　基金分类

下面介绍一下基金分类。

按不同的类型，基金可分为很多类型，具体如下：

- 按基金的组织形式，可分为契约型基金和公司型基金；
- 按基金的规模是否固定，可分为开放式基金和封闭式基金；
- 投资风格可分为成长型基金、收入型基金、平衡型基金；

> ·按不同的区域又可分为国际基金、海外基金、国家基金和国内基金；
>
> ·除了上述这些以外，还可以看到一些字母组合的基金，如 LOF 基金（上市型开放式基金）、ETF 基金（交易开放式指数基金）、FOF 基金，也就是基金中的基金。

这么多的分类并不需要全部弄明白，作为普通投资者，只需关注它的投资方向是什么，也就是明白按投资对象的分类即可。

按投资对象可分为股票基金、债券基金、货币基金、混合基金、指数基金等，如图 6-2 所示。

股票基金	债券基金	货币基金	混合基金	指数基金
·股票组合 ·普通股 ·优先股	·国债 ·金融债 ·企业债	·央行票据 ·大额存单 ·银行汇票 ·银行定存	·投资组合	·行业指数

图 6-2　基金分类

（1）股票基金

股票基金以投资股票为主要对象，基金中股票的配比不能低于 60%，而且也并不是说一只基金只买一只股票，它是投资于不同股票组合的，普通股、优先股都来一些。

同样的资金，单独买股票，只能买到一只股票，而买基金，买一只基金就相当于买了很多只股票，相当于分散投资，所以基金的风险没有股票那么高。当然，和其他类型的基金相比，因为买了股票，所以风险会高一些，对应的收益也会高一些。

（2）债券基金

债券基金是专门用来投资债券的，包含固定收益的金融债、国债等，也包含收益不固定的企业债。国债是国家发行的，所以风险低，企业债是公司自己发行的，有一定的风险，但没有股票那么高。

这里还可以细分为纯债基金，也就是专门用于投资国债等的，所以纯债基金基本没有什么风险。投资公司债的还有是不是可转债之分，不同的内容风险也都不同。但大多数债券基金是进行投资组合的，国债类低风险的产品和有公司债类高风险的产品都会包含一些。整体来说，债券基金的风险比较低，因此收益也低一些。

（3）货币基金

货币基金是以投资短期的金融产品，如央行票据、大额可转让存单、银行背书、银行定存、银行汇票等。这种风险比较小，流动性比较开放，而且收益比较稳定。所以，比较适用于做本金积累和准备紧急备用金，也是最容易操作的，如支付宝中的余额宝，还有其他各种宝宝类产品，大多属于货币基金。

（4）混合基金

混合基金是把股票、债券和货币按照一定的比例进行组合，风险取决于它股票所占的比例，收益也是一样的。

股票占比高，风险就高一些，收益也高一些；股票占比低，风险就低，收益也低。

（5）指数基金

指数基金，严格来说也属于股票基金的一种，是以投资不同行业的指数成分股为主的。如经常看到的沪深 300 指数，就是将所有沪深交易所中的股票，按照统计方法，选取 300 只股票作为一个代表，这 300 只股票的走向代表整体股市的走向。而沪深 300 指数基金就是从这 300 只股票中再选择一次，从而构建成一定的组合，它的变动趋势和指数基本一致，收益也和指数大体相同。

股票基金是基金经理通过自己的判断主动进行买入卖出操作，觉得要涨了，就买点，要跌了，就卖一些，判断正确就有收益，判断错误就亏损。而指数基金是被动进行的，相应指数上涨下跌了，就要进行买入卖出操作，减少人为判断，所以相对于股票来说，风险要低一些。

除了上述这些基金外，还有期货基金，主要以投资期货为主，风险相对较高，一般都是以小博大。和期货对应的是期权基金，期权基金以投资期权为主，相对于期货这种赌一把的，期权是有合约约定的，在一定时期内，约定的价格上涨了，就有利可图，没利可图可以等到合约过期作废。所以它的风险相对期货来说是比较低的。

这两类基金都不建议选择，因为需要专业的知识。前面介绍的五类基金是比较常见的，不需要太专业的知识。

在选择基金时，刚开始就按它的投资对象进行选择，不同的投资对象对应的风险就不一样。可以接受高风险的，就选择股票基金和指数基金；只能接受低风险的，就选择货币和债券基金；属于中等的，就选择混合基金。

不同类型的基金，购买渠道也不同。基金的购买渠道主要分为四类，证券公司、银行、基金公司和第三方平台，如图6-3所示。

| 证券公司 | 银行 | 基金公司 | 第三方 |

图6-3 购买渠道

• 如果想购买所有类型的，不管是开放式的还是封闭式的，不管是股票基金还是什么 ETF，那么就需要通过证券公司购买。在证券交易所开一个账户，这样所有类型的基金都可以直接购买。现在开户也不需要到柜台办理，下载一个证券公司的 App，如招商证券，直接线上开户完成即可。

• 通过银行来购买，上市交易的基金 LOF 之类的就不能进行购买，可以购买少量封闭式基金，大部分还是以开放式基金为主，也就是股票基金、指数基金、债券基金、货币基金等。

• 通过基金公司来购买，只能购买这家基金公司的基金，不是这家公司的就不能购买，大部分也是开放式的，少量的需要看具体要求。

• 通过支付宝、微信、天天基金等第三方平台购买，能买到的大部分也是开放式的，不管是股票、债券、货币，还是指数，都可以购买。

对于初学者，建议在第三方平台进行，一是选择比较多，二是操作比较方便。不同的购买渠道，手续费不同。下面介绍购买基金的成本，这是在购买基金时大部分人比较容易忽略的一个问题。

6.3 基金成本

首先问一个问题，你觉得基金公司是靠什么来挣钱的？

很多人都觉得是靠赚取提成来挣钱的，基金盈利了，就提取一部分作为公司收入。其实并不是这样的，如果只是盈利了才有钱赚，那么基金亏损时，基金公司没钱赚不得倒闭了。

基金公司主要靠收取各种手续费、管理费来赚钱，不管你购买的基金是挣了还是亏了，都要收费。例如基金的广告费、宣传费，甚至印刷宣传单的费用，也全部是从基金中扣除的，有点像空手套白狼，所以开基金公司是稳赚的。

具体有哪些费用？最常见的是申购和赎回时的手续费，这里也包括认购时的手续费。不同类型的基金，收取的比例不同。开放式基金，申购费率原则上不超过 5%，也就是最高 5%。

例如，"招商中证白酒指数"基金，说明书中写明申购费率正常为 1%，不同平台会有不同折扣，如图 6-4 所示。

基金全称	招商中证白酒指数证券投资基金(LOF)	基金简称	招商中证白酒指数(LOF)A
基金代码	161725（主代码）	基金类型	指数型-股票
发行日期	2015年05月12日	成立日期/规模	2015年05月27日 / 3.965亿份
资产规模	421.63亿元（截止至：2023年06月30日）	份额规模	416.6332亿份（截止至：2023年06月30日）
基金管理人	招商基金	基金托管人	中国银行
基金经理人	侯昊	成立来分红	每份累计0.09元（3次）
管理费率	1.00%（每年）	托管费率	0.20%（每年）
销售服务费率	0.00%（每年）	最高认购费率	0.80%（前端）
最高申购费率	1.00%（前端） 天天基金优惠费率：0.10%（前端）	最高赎回费率	1.50%（前端）
业绩比较基准	中证白酒指数收益率*95%+金融机构人民币活期存款基准利率(税后)*5%	跟踪标的	中证白酒指数

图 6-4　申购费

按 1% 来算，申购 1 万元，10 000×1%=100，也就是需要支付 100 元的手续费。相当于基金还没有开始盈利，就少了 100 元。

买的时候要交手续费，同样，卖出基金即赎回时还要交手续费。不同类型的基金手续费不同，股票基金的手续费最高，原则上不超过 3%。

很多基金为了让你持有的时间长一点，会根据持有时间计算赎回费。还是看白酒的这只基金，在 7 天内赎回，手续费为 1.50%，一年内为 0.50%，两年内为 0.25%，两年后赎回就不收手续费了，如图 6-5 所示。

赎回费率

0日≤持有天数<7日	1.50%
7日≤持有天数<365日	0.50%
365日≤持有天数<730日	0.25%
730日≤持有天数	0.00%

图 6-5　赎回费率

一进一出，都要手续费，哪怕基金是亏损的，也要交手续费。因此，在购买基金时，手续费越低越好，持有时间越长越好。另外，不要频繁进行买入卖出的操作。

除了这些费用以外，还会收取托管费。如白酒这只基金，每年的托管费为 0.22%。还有管理费，这是基金公司最主要的收入来源，按基金资产净值比例计算。白酒这只基金，现在资产净值为 59.29 亿元，管理费是每年 1%，想想这要多少钱。

这么多的费用，如何能少交一些，多省一点？最有用、最关键的还是要从申购和赎回费上来省，因为其他的比例都是定死的，没有办法减少。

前面介绍了四种基金的购买渠道，不同渠道申购时手续费是不同的。

在证券公司和在银行购买，手续费基本上没有什么打折，标的多少就是多少。基金公司购买，会有一些折扣，但没有第三方平台的打折力度大。

白酒这只基金，在证券公司和银行购买，是按正常的 1% 来收；在招商证券本公司网站上购买，50 万元以下可以打折到 0.4%，10 000 元只要

40 元，省了 60 元；在天天基金网上打折到 0.1%，只要 10 元；支付宝、微信上同样也是 0.1%。

所以，想要省钱，优先选择支付宝、天天基金网等第三方平台申购基金。这些平台为了吸引用户，打折力度都是比较大的。

申购费有两种收费方式：一种是前端收费，另一种是后端收费。

前端收费是在申购买这只基金时，直接就把申购费扣了；后端收费是申购买基金时不会扣款，到赎回卖出基金时才一起扣。

后端收费也是为了鼓励少赎回，多持有，时间越长，费用越低，甚至可以完全免除，也就是申购和赎回时都不需要交手续费。

查看基金信息时，收费方式会标明，现在大部分都是前端收费，后端收费的少。想要省一些，可以尽量找后端收费的，如图 6-6 所示。

管理费率	1.00%（每年）	托管费率	0.22%（每年）
销售服务费率	---（每年）	最高认购费率	0.80%（前端）
最高申购费率	1.00%（前端） 天天基金优惠费率：0.10%（前端）	最高赎回费率	1.50%（前端）

图 6-6　前后端收费方式

赎回时想要省手续费，不同平台的赎回费是差不多的，不会打折，所以想要省一些，最好是持有时间长一些，时间越长赎回费越低。

还有一种方法是不赎回，进行基金转换，这样也可以省一些费用。

开放式基金之间可以进行相互转换。现在想卖了 A 基金，去买 B 基金，平常的做法就是先赎回 A，然后再申购 B，要先后收取赎回费和申购费。现在可以不赎回 A，直接将 A 换成 B，这样就省了赎回费和申购费，只需交转换费即可。但需要注意的是，这两只基金必须属于同一家基金公司才可以转换，不同公司之间是不能转换的。

转换费比赎回费便宜很多，而且从高风险的股票基金转换成低风险的债券或者货币基金时，转换费还会再优惠，这也是一个省钱的方法，如图 6-7 所示。

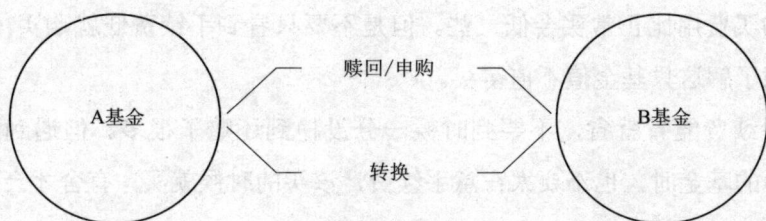

图 6-7　基金转换

还有一个省手续费的方法，就是红利再投资。

购买基金时可以注意收益的分配情况，很多基金都有红利发放。红利发放有两种方式：一种是以现金方式发放，直接打到你的账户里；另一种是红利再投资，不给你打钱，而是把这些红利直接换成对应的基金份额。

默认都是现金发放，要拿这些资金购买基金时就需要交申购费，而改成红利再投资，直接转成对应的基金份额，一般是不再收取申购费的，就算收也是比较低的，这样又可以省一笔费用。

具体设置方法是在基金的详细中，会看到"分红方式"，进入就可以修改，如图 6-8 所示。

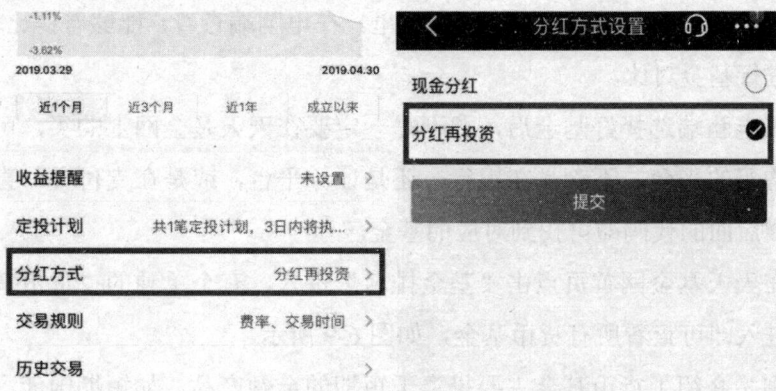

图 6-8　设置分红方式

采用基金定投，就是指定日期和金额，每月都购买，也可以省一些申购费。有的基金采用定投后，每次购买是不收申购费的，也是为了鼓励你多买。关于基金定投，后面会有专门章节进行介绍。

还有一种方法是现在有一些平台会进行基金团购活动，相当于搞促销，这时购买费用比正常买会低一些。但是不要只看到手续费低就购买，一定要详细了解这只基金值不值得买。

手续费能省就省，不要到时候一分没挣到还赔了很多。但遇到好的、有潜力的基金时，也不要太在意手续费，该买的时候就买，有舍才会有得。

6.4　货币基金的购买事项

了解了基金的定义、分类、成本等后，然后即可开始尝试购买一些基金。在购买过程中遇到的第一个问题就是不知道该怎么选择。这么多的基金，到底该买哪个？是看现在哪个收益高就去买哪个？还是怎么选择？不同类型的基金考虑的因素是不同的，后续章节会分别进行介绍。本章先介绍如何选择货币基金。

在"天天基金网"上查看各类基金，该网站还是比较全的，所有类型的基金都可以查看到。

另外，建议在电脑端查看该网站，因为手机屏幕有限，展示的东西往往不全，有很多功能根本找不到在哪里。在电脑端查看，能够看得比较全，方便进行基金对比。

在电脑端选择好基金后，并不是一定要在天天基金网上购买，可以打开想购买的平台，不管是在银行，还是证券平台，或是在支付宝，直接搜索基金后面的代码即可找到对应的基金。

在天天基金网首页点击"基金排名"进入，有个单独的"货币基金"，点击进入即可查看所有货币基金，如图6-9所示。

刚才介绍了货币基金主要投资于短期的金融产品，如短期国债、银行背书、大额存单等。这一类的收益相对固定，所以货币基金的收益也是稳定的，现阶段基本保持在2.3%左右。可以看一下排行榜，近7日年化收益率有2.2%的，有2.56%多的，相差并不大。

如果资金量并不是很大，选择货币基金，完全可以什么都不考虑，随意选择任意一个都可以。想要收益高一点的，可以选择排行榜中前面几只。

| | 开放基金排行 | 自定义排行 | 场内交易基金排行 | **货币基金排行** | 香港基金排行 | 定投排行【意见反馈】 | 查看最新 |

货币基金排行榜，每个交易日17点后更新。（货币基金的单位净值均为1.0000元，最新一年期定存利率：1.50%）货币基金收益结转日一览 按基金公司筛选：输入基金公
按起购金额筛选：全部 100万以下 100万起

比较	序号	基金代码	基金简称	日期	万份收益	年化收益率 7日	14日	28日	净值	近1月	近3月	近6月	近1年	近2年	近3年	近5年	今年来	成立来
☐	1	004973	长城收益宝货币B	10-11	0.6089	2.3590%	2.37%	2.38%	——	0.19%	0.57%	1.15%	2.31%	4.80%	7.89%	14.80%	1.84%	20.51%
☐	2	016778	长城收益宝货币C	10-11	0.6089	2.3590%	2.37%	2.38%	——	0.19%	0.57%	1.15%	2.31%	——	——	——	1.84%	2.38%
☐	3	002234	鑫信天天收益货币	10-11	0.4843	2.2560%	2.21%	2.25%	——	0.18%	0.57%	1.20%	2.29%	4.66%	7.29%	12.10%	1.86%	21.62%
☐	4	004121	兴银现金添利A	10-11	0.5997	2.5130%	2.43%	2.55%	——	0.21%	0.62%	1.29%	2.29%	3.94%	6.18%	9.95%	1.92%	17.78%
☐	5	001821	兴全天添益货币B	10-11	0.6544	2.4150%	2.52%	2.45%	——	0.20%	0.57%	1.16%	2.28%	4.66%	7.48%	13.49%	1.82%	26.32%
☐	6	740602	长安货币	10-11	0.5462	2.1400%	2.20%	2.34%	——	0.20%	0.60%	1.24%	2.28%	4.35%	6.71%	11.83%	1.87%	39.63%
☐	7	000830	易方达天天发货币	10-11	0.6024	2.6070%	2.56%	2.33%	——	0.19%	0.55%	1.13%	2.27%	4.44%	7.06%	12.66%	1.81%	20.67%

图 6-9 查看基金

另外在买入卖出时，不需要考虑很多，因为它的收益趋势不会像股票一样，今天低，明天高，基本保持在一条线上，如图6-10所示。

选择时间 1月 3月 6月 1年 3年 **5年** 今年 最大

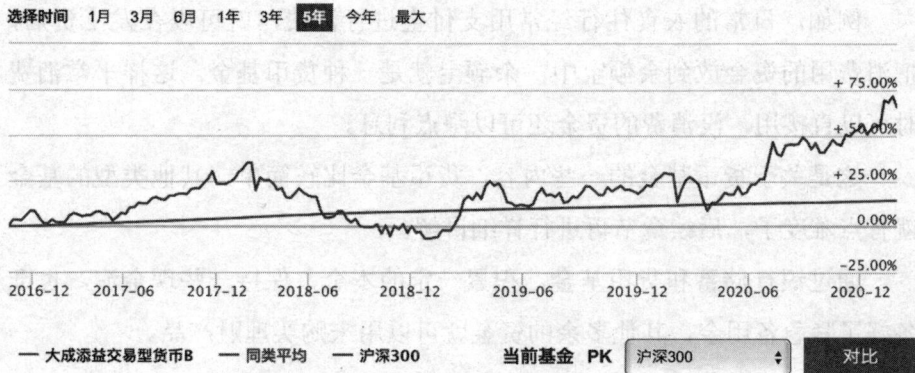

—— 大成添益交易型货币B —— 同类平均 —— 沪深300　　当前基金 PK 沪深300　　对比

图 6-10 货币基金收益走势

由图6-10可看到，中间的是一只货币基金，上方是沪深300指数，不管股市如何变化，货币基金始终都是一条向上的直线。所以不需要考虑高点或低点，想什么时候买就什么时候买，想什么时候卖就什么时候卖。

购买货币基金时也可以不考虑成本问题，买入卖出这些手续费是比较低的，可忽略不计。可以看到这只基金，在买入时是不收手续费的，只有卖出时才会收1%的手续费，如图6-11所示。

因为可以随时买入卖出，所以货币基金的流动性比较强，除了可以用于积累本金和存放备用金外，自己的一些日常支出也可以放到这样的货币

基金里面。

基金全称	大成添益交易型货币市场基金	基金简称	大成添益交易型货币B
基金代码	003253（前端）	基金类型	货币型
发行日期	2016年09月08日	成立日期/规模	2016年09月29日 / 30.653亿份
资产规模	1.90亿元（截止至：2020年12月31日）	份额规模	1.9008亿份（截止至：2020年12月31日）
基金管理人	大成基金	基金托管人	中国银行
基金经理人	张俊杰	成立来分红	每份累计0.00元（0次）
管理费率	0.25%（每年）	托管费率	0.08%（每年）
销售服务费率	0.01%（每年）	最高认购费率	0.00%（前端）
最高申购费率	0.00%（前端）	最高赎回费率	1.00%（前端）
业绩比较基准	中国人民银行公布的人民币活期存款基准利率(税后)	跟踪标的	该基金无跟踪标的

图 6-11　货币基金成本

例如，日常的衣食住行经常用支付宝进行消费，就可以在发工资后，把消费用的资金放到余额宝中，余额宝就是一种货币基金。这样平常消费时可以直接用，没消费的资金还可以赚点利息。

这是关于货币基金的一些内容，货币基金比较简单，其他类型的基金就有点难度了，后续章节再进行详细讲解。

通过银行储蓄和货币基金，积累一定的本金，保持一些现金流，也准备好了紧急备用金，其他多余的资金就可以用来购买理财产品。

第三部分

稳中求进，
稳健型理财方式

第 7 章　银行理财产品——专业
团队理财，最佳避险方式

第 5 章介绍了银行储蓄，包括活期存款、定期存款等，这其实也是银行理财的一种方式，只是收益不高。银行除了这些理财方式外，还可以购买国债、基金等理财产品，但这些都不是银行自己发行的。就像超市总是卖别人的货，最后也想卖些自营的，银行也一样，也会推出一些银行自己发行的理财产品。

银行自己的理财产品主要通过对潜在目标客户群进行分析和研究，从而推出对应的资金投资、资产管理方法。有约定期限的，7 天、1 个月、3 个月、6 个月、一年、两年的，就和定期存款一样，不过收益要比定期高；也有不约定期限的，属于开放式的，就和活期一样，收益也比活期高。

现在可以看看自己有哪家银行的银行卡，就下载这家银行的手机App，登录进入后，在理财专区就可以看到银行自己的理财产品。

以招商银行为例，登录后在"理财"模块可以看到，除了基金、债券外，还有一个专门的"理财产品"，这里全部是银行的理财产品，如图 7-1 所示。

当你担心其他机构有风险时，银行理财产品就是一个选择，银行出现问题的概率也是比较低的。在市场环境不好的情况下，也可以将资金暂时用于购买银行理财产品，也是一个避险的方式。

银行理财产品之前的门槛还是比较高的，要 5 万元起，现在已经降到 1 万元起。一些类似货币基金是没有限额的，如招商银行的"现金类"是 1 元就可以购买，"固定收益"也有 100 元起投的，具体起投金额可以在产品详情中看到。

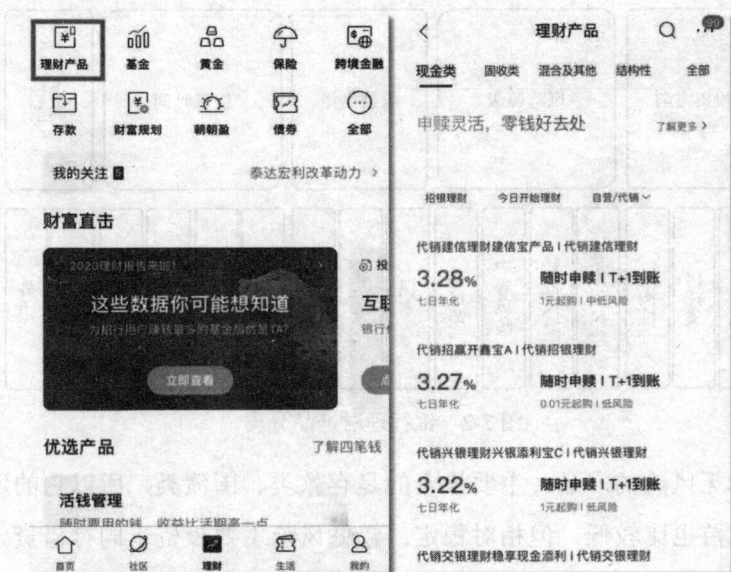

图 7-1　银行理财产品入口

7.1　银行理财产品的分类

银行理财产品的分类，按不同的投资方向可分为债券类、信托类和结构性等。

债券类主要投资的是国债、央行票据、政策金融债、企业债、企业短期融资券等，这些的风险相对是低的，收益同样也低。

信托类主要进行的是信用等级较高的机构担保回购的操作，如商业银行、金融机构等。注意，这里是指信用等级较高的机构，风险还是有保障的，但毕竟是一个信托类产品，所以不能确定保本，收益也不确定。

结构性产品就是对股票、指数、债券等按不同比例进行投资组合，股票占比大，风险就高，收益也高。这类产品不以保本金为主，是以获利为主，如图 7-2 所示。

按风险等级来划分，又可以分为基本无风险、较低风险、中等风险和高风险等。不同银行会用不同的字母和数字进行标识，如招商银行用 R 加数字 123 来标识。

投资方向			风险等级				收益类型			投资时间				币种类型	
债券类	信托类	结构性	基本无风险	较低风险	中等风险	高风险	保本	非保本	浮动	超短期	短期	中期	长期	人民币	外币

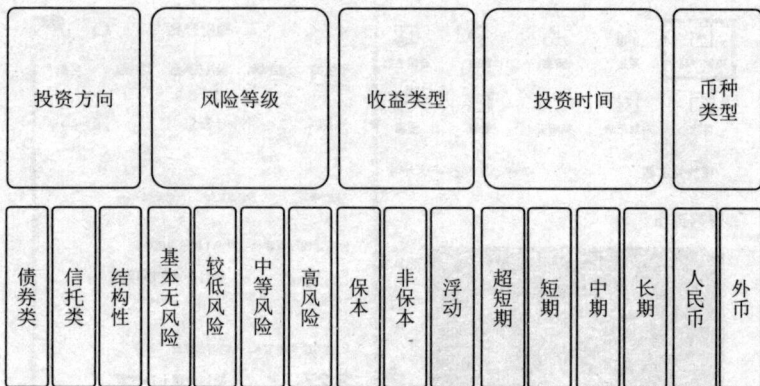

图 7-2　银行理财产品分类

　　基本无风险的产品，主要投资的是存款类、国债类，所以它的风险比较低，收益也比较低，但相对稳定；较低风险主要投资于同行借贷、债券市场、货币基金、债券基金，也是风险低，收益也低，但不稳定；中等风险主要投资于信托类、结构性的，还有一些外汇结构的，这些就有一定的风险，所以收益也高；高风险的投资自然不用说了，如各种股票等，可能存在亏本的风险，对应的收益也是最高的。

　　这两个分类是最常见的，除了这些产品以外，按收益类型还可以分为非保本、保本和浮动型。在资管新规和"理财新规"的背景下，现在已经不再宣传保本，理财合同中也不担保一定就是保本的，所以这个分类只能作为参考。按时间又划分为超短期产品，一个月之内的产品；短期产品，1~3 个月的；中期产品，3 个月到一年的；长期产品，一年以上的。按币种可分为人民币理财，还有外币理财，没有特殊说明都是指人民币理财。

　　分类是这么分的，可很多银行并不是严格按照这个分类来展示的，如招商银行按"现金类""固收类""混合及其他""结构性"来展示，如图 7-3 所示。

　　"现金类"的投资方向是债券、存款等，不包含股票，是低风险的产品；"固收类"投资方向是债券，属于债券产品，风险是中等的；"混合及其他"是投资于基金等，风险也是中高等；"结构性"是种投资组合，风险较高。

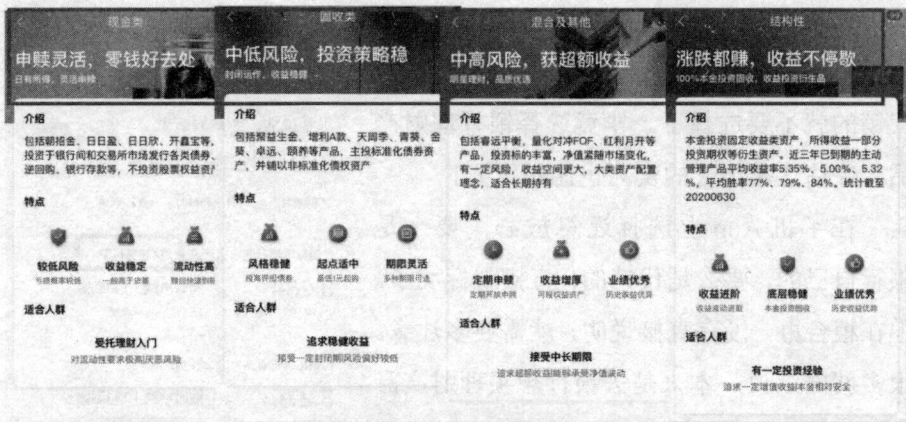

图 7-3 招商银行分类示例

不管怎么分，在选择时主要关注的就是投资方向，根据投资方向可以判断出风险等级，从而选择出适合的产品。具体投资方向和风险情况，在分类介绍中可以看到。如果有的银行没有分类介绍，需要查看产品说明书，稍后介绍如何查看。

7.2 银行理财产品的购买流程

选择好对应风险的产品，如何购买呢？下面介绍银行理财产品的购买流程。

如果是第一次购买银行理财产品，会先要求做一个风险评测，也就是要明确你的风险接受度是什么。不管是在手机 App 上，还是在柜台办理，都会有这一步。

明确了风险接受度，即可参照结果在对应分类下浏览选择产品。理财一定要选择适合自己的，评测结果是追求保本低风险的，结构性的就不建议选择了，当然，硬要选也可以选。

在浏览时，不管是在手机 App 还是在柜台，都要区分清它是属于本银行的，还是代销的。如招商银行显示列表中，会直接标明是代销产品，如图 7-4 所示。

如果是因为看中这家银行的实力才来购买的，比如看中招商银行的实力，其他银行的没看上，那就只选择自营的，代销的就不要选择了。毕竟选择银行理财产品，评估这家银行的实力也比较重要。

在手机 App 上选择还算放心，要么是银行自己的，要么是代销的，直接就标明了。但在柜台办，没有直接说明，就需要多注意。很多新闻上说，本来是去银行想买理财产品的，结果买成了保险，不仅没收益，还取不出来。所以在柜台办理时，除了区分是否是自营，还要注意是不是真正的理财产品。

判断是不是真正的银行理财产品，主要

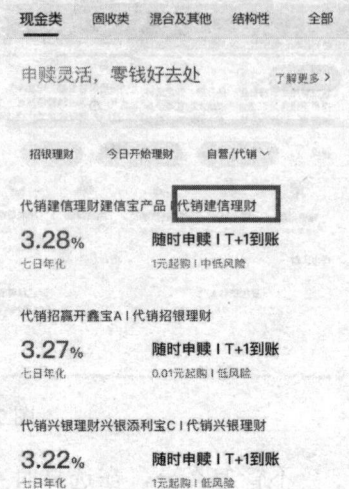

图 7-4 区分代销

看产品说明书。每个银行理财产品都有一个编码，以大写字母 C 开头，后面跟着 14 位数字，这个编码相当于身份证一样，不同的产品编码是不同的，如图 7-5 所示。

中银平稳理财计划–智荟系列210048期（代码：AMZYPWHQ210048）
产品登记编码：【C1010421000052】
（投资者可根据登记编码在中国理财网（www.chinawealth.com.cn）查询产品信息）

图 7-5 理财产品编码

找到编码，再到"中国理财网"上搜索，如果能搜索到，说明它是正规的银行理财产品；如果搜索不到，建议不要购买，就有可能是保险之类的。

这是在选择产品时需要注意的，接下来要决定购买哪个产品，还需要继续详细看产品说明书。产品说明书中有很多内容，不需要都去关注，重点关注的一个是风险提示，另一个是产品构成，也就是投资方向。产品说明书相当于合同，要看仔细，如图 7-6 所示。

由图 7-6 可看到，该产品说明中写明了是浮动收益，非保本的，风险等级是中低风险，也给出了适合购买者的建议。这样才能真实判定这个产品是不是适合自己。一定要找到明确的文字说明，不要只听别人介绍，要看到具体明确的说明才行。

产品类型	混合类、非保本浮动收益型
产品期限	【361】天
风险级别	2级（中低风险）
适合购买的投资者	经产品销售机构风险承受能力评估为稳健型、平衡型、进取型和激进型的个人投资者、机构投资者
风险揭示内容	市场风险、信用风险、流动性风险等 本理财产品不保证资金本金和收益，如出现所投资的金融资产未按时足额支付本息或提前终止等不利情况，则将出现理财收益为零或本金损失的可能，并存在被中国银行提前终止的可能。请充分认识投资风险，谨慎投资。

图 7-6　风险说明

另外还要看产品的构成，根据这个可以明确主要投资方向，也可以进一步再来确认风险情况，如图 7-7 所示。

二、投资对象及投资限制

（一）本理财计划直接投资或通过各类符合监管规定的资产管理产品间接投资于如下投资标的：

1. 货币市场工具：包括但不限于各类存款、存单、质押式回购等。

2. 固定收益证券：包括但不限于国债、金融债、次级债、中央银行票据、政策性金融债、公司债、企业债、超级短期融资券、短期融资券、中期票据、非公开发行非金融企业债务融资工具、证券公司收益凭证、资产支持证券等。

3. 符合监管规定的非标准化资产：包括但不限于信托贷款、委托债权、承兑汇票、信用证、应收账款、各类受（收）益权等，上述资产因监管政策变化和金融创新而发生变化的，以最新适用的监管规定为准。

4. 权益类资产：包括但不限于二级市场股票等资本市场工具。

5. 监管部门认可的其他金融投资工具。

（二）具体投资比例如下：

图 7-7　产品构成

由图 7-7 可看到，该产品列举了投资的各种类型，有存单、国债、信托、股票等。这里一定选择自己能够看懂的类型，如债券、股票类的。如果遇到自己不懂的，如外汇类的，建议不要轻易选择。

通过产品说明书明确了风险情况后，在选择前，还需要通过产品说明书明确时间，也就是在选择产品时要考虑到流动性。

银行理财产品包括很多时间，有募集期（认购期）、封闭期、结算期、清算期等。

募集期也称认购期，相当于产品预售期，买了但不发货，要等到募集期结束才发货，才真正到你手上。这个时间一般为 3~5 天。在募集期内购买并不会马上就开始计算利息，要到计息期才开始计算。利息什么时候开始计算，可以在产品说明书上明确找到，如图 7-8 所示。

理财计划认购期	【2022】年【1】月【6】日-【2022】年【1】月【7】日，如认购截止日与起息日相同，则销售截止时间为起息日当日 10∶00
投资收益起算日	【2022】年【1】月【8】日
理财计划到期日	【2023】年【1】月【4】日
理财计划存续期限	【361】天

图 7-8　各种日期说明

就算产品到期了，也不是马上就能打到你的账户，还需要等结算期、清算期都过了才行。结算期是用于算账的，类似于每个月发工资之前财务都要统计考勤，有没有迟到等。这些都算完了，还要用一些时间才能把本金和利息打到你的账户上，也就是清算期，这个时间最短是 1 天，也有长的要 5~7 天。

另外，所有这些时间是指工作日，遇到节假日、周六周日，还有法定假期，时间还会更长。银行理财产品不像购买货币基金一样，可以随时买随时卖，它的流动性并不强，这是需要注意的。资金被占用的时间长短，也会影响利息的多少，后面将进行详细计算。

选择时还需注意这个产品是否能提前赎回。同样需要在产品说明书中找到关于提前赎回的条款，明确是否能提前赎回，还有提前赎回的要求是什么，以防自己到时候想提前赎回但条件又达不到，从而无法提前赎回，如图 7-9 所示。

由图 7-9 可看到，该产品说明客户无提前终止权，也就是买了以后就不能提前赎回，只能等到产品到期后才行，相当于"套牢"了。

流动性、风险等级自己都能接受了，即可直接购买。在银行网站或手机 App 上是直接购买即可，在柜台办理还需要签一份认购书，抄写风险确认书等。走完这样一个完整的购买流程才算结束。

提前终止　理财客户无提前终止权。中国银行有权按照本理财计划的实际情况，提前终止本理财计划。触发提前终止的条件包括但不限于：在理财计划存续期内，若国家相关法律、法规、监管规定出现重大变更或者其他突发事件和因素引起金融市场情况出现重大变化及其他原因导致理财计划管理人认为理财计划已经不适合继续帮助投资者实现投资目标的，理财计划管理人有权宣布提前终止本理财计划。

图 7-9　提前赎回条款

7.3　银行理财产品的利息计算

下面介绍银行理财产品的利息如何计算，计算公式为：利息 ＝ 本金 × 年利率 × 天数 ÷365。

现在有一个产品收益期限为 34 天，预期收益率为 6.4%，投了 1 万元，是不是直接用 10 000×6.4%×34÷365=59.6，这 59.6 就是自己能拿到的利息？

59.6 元确实是自己可以拿到的利息，但要注意这里还有好多隐性缩水。因为在整个产品期内，有很多天是不计算利息的，如募集期、结算期、清算期等，这些时间内都没有任何收益。把这些时间都加上，最终资金被占用的时间并不只是 34 天，而是可能会超过 40 多天。把这些时间都算上，利率就没有宣传的 6.4% 那么高。

还是以这个产品为例进行说明，募集期按从 3 月 20 日开始，到 3 月 26 日结束，一共 7 天；收益的 34 天是从 3 月 27 日到 4 月 29 日；结算期按 2 天来算，清算期先不算。

如果是在募集期的第一天，3 月 20 日就买了，那么到 3 月 26 日这 7 天内是没有任何收益的；如果是 3 月 26 日买的，只有一天没收益。这也说明越晚买越好。

按第一天购买进行计算，资金占用时间为 7+34=41 天，再加上结算期的 2 天，总共是 7+34+2=43 天。还要注意这个时间里会遇到五一假期，因为 4 月 29 日结束，30 日开始结算，然后是 5 月 1 日，要放假的，不是工作日，五一假期按 3 天算，资金又被多占用 3 天，最终资金被占用的天数是 46 天，如图 7-10 所示。

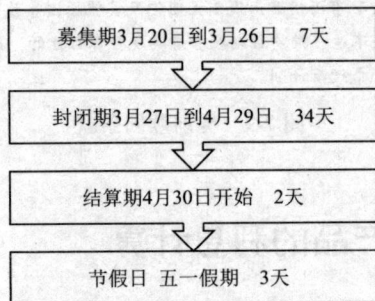

图 7-10　资金占用时间

把这个日期代入年化收益率的公式重新计算，年化收益率 =（投资内收益 ÷ 本金）÷（投资天数 ÷365）×100%，按刚才 6.4% 算下来的投资内收益为 59.6，本金还是 10 000，投资天数成了 46 天，结果年化收益率约等于 4.6%，这和它宣传的 6.4% 是有很大差距的。按 4.6% 重新计算，10 000×4.6%×34÷365=42.8，也就是实际利息只能算 42.8 元。

本来是冲着 6.4% 的收益来的，觉得比货币基金 4% 的高，结果其实也差不了多少，反而资金流动性没有那么强。这里也提醒大家，在购买理财产品时，不要只相信宣传，一定要亲自算一算，算下来就会发现并没有宣传得高。不要只看最后结果，资金占用时间也要考虑到。

总体来说，银行理财产品收益不会太高，但重在监管严，风险不高，怕风险的投资者可以先从银行理财产品开始。

第 8 章　国债——实力背书，收益有保障，资金最佳避风港

除了银行理财产品外，想要风险低一些，还可以选择国债。本章先来了解什么是债券，为后续选择债券基金和可转债打好基础，再重点介绍一下国债，国债的购买方式及获利方式等，为自己的资金避险多一个选择。

债券是一种基于金融契约的融资手段。发行方为了筹集资金，就写一个类似合同的条款，约定时间、利息、支付利息的方式，是一次性还本付息，还是每年分配几次等，然后投资者就可以将资金交给发行方，按合同约定来获得收益，如图 8-1 所示。发行方主要有国家政府机关、地方政府、金融机构和企业等。

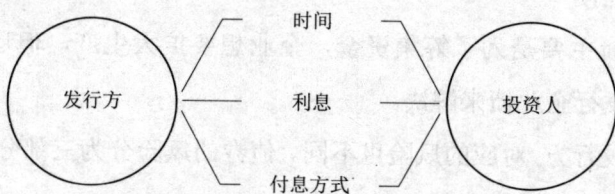

图 8-1　债券定义

8.1　债券分类与风险

不同的发行方，对应地分为不同的类型。国家政府和地方政府发行的是国债，金融机构发行的是金融债，企业发行的是企业债，如图 8-2 所示。

（1）国债

国家政府和地方政府发行国债主要是为了进行基础设施和公共设施建设，这些建设需要大量的中长期资金，通过发行中长期国债，可以将一部分短期资金转化为中长期资金，用于建设国家的大型项目，以促进经济发展。

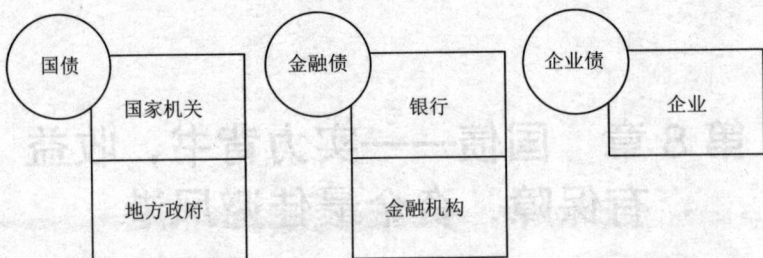

图 8-2 债券分类

（2）金融债

金融债是由银行和非银行金融机构发行的债券，主要目的是吸收资金。银行等金融机构的资金来源主要有三个，吸收存款、向其他机构借款和发行债券。在金融机构进行一些期限较长的投融资时，会出现资金期限上的矛盾，发行金融债券能有效地解决这个矛盾。因为债券在到期之前一般不能提前兑换，只能在市场上转让，从而保证了所筹集资金的稳定性。

（3）企业债

而企业债主要是为了筹集资金，企业想要扩大生产，但还没有上市，就可以通过发行企业债来解决。

不同的发行方，对应的风险也不同。债券的风险分为三部分，信用风险、利率风险和流动风险，如图 8-3 所示。

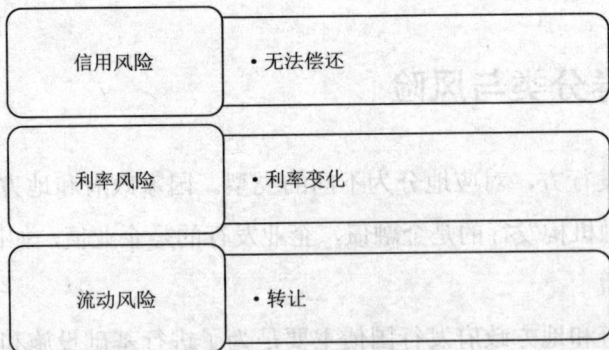

图 8-3 债券风险

（1）信用风险

国债因为有政府背景，所以信用相当高，可以说没什么风险；金融债由金融机构来发行，本身金融机构监管就严格，要发行也有一套严格的流程，信用也较良好，基本上无风险；风险最大的是企业债，企业要发行债券也有严格的流程，但也是基于现状来评估的，后续怎么样谁也说不准确。可能会存在后续企业发展不良，资金上出现问题，它就会有偿还的问题，利息不能按当时约定的来给，甚至是本金都给不了。

（2）利率风险

同样，国债也没有什么风险，因为基本上在发行时就固定了利率；金融债不固定，是浮动的，但整体上来说也是稳定的；最大的风险还是出现在企业债上，如果企业盈利能力强，利率就会高一些，盈利能力差，本金都可能没了，更别说一开始答应的利息了。

（3）流动风险

从流动性上来看，企业债反而是最好的，因为它可以在证券市场上买卖；国债和金融债有一些类型不能随意买卖，就像定期存款一样，只能提前取出，不能转给别人，只有部分可以流转。

整体来看，债券投资以防为主，毕竟利率不是很高，所以债券是资金比较好的避风港。当股市波动较大时，可以先把资金放到债券里面，让它过渡一段时间，因为它是安全稳定的；等股市行情变好了，再拿出来。

在介绍基金时提到，不管是买入还是卖出，都有手续费，还有各种的保管费等。同样债券也会收手续费，也有购买成本。

国债收得较少，只有在提前赎回时才会收，收取1%，不提前赎回就不会有任何费用；企业债收得较多，因为要在证券交易市场进行交易，如佣金、成交费、转让费等，不同的机构收费也不同，差不多在2%左右。

需要注意的是，税收方面，国债没有任何税收，企业债会收取整个收益的20%，也就是赚了100元，只能拿到80元，剩下的20元要用来交税。

介绍完债券的分类与风险，下面主要介绍国债。

8.2 国债分类与购买流程

国债因为有国家信用作为担保，所以安全性较高，收益是固定的，购买成本少，也免税。主要缺点就是流通上差了一些，但也并不是所有国债都不能流通。这里的流通是指能够在证券市场上随意买卖，像开放式基金一样，不想要了，可以直接卖出去，想买了也可以随时买入。

不能随意流通的国债有储蓄式国债和凭证式国债，可以流通的称为记账式国债，如图 8-4 所示。

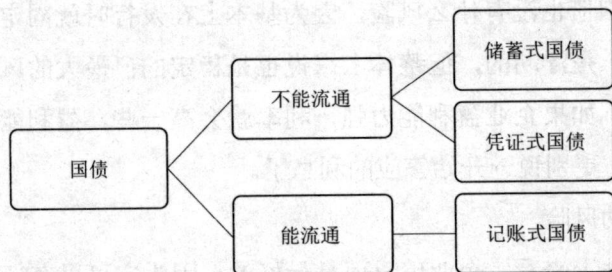

图 8-4　国债分类

（1）储蓄式国债

储蓄式国债的发行渠道是各个银行，经常看到很多老年人在银行排长队，大部分是来买这类国债的。储蓄式国债的收益稳定，付息方式多样，有一次性还本付息，还有每年按次付息，利率比银行定期存款高。就是时间有点长，一般为 5~10 年，还有更长的。这个期间可以提前取出，也只能到银行办理，还要支付 1% 的手续费。

（2）凭证式国债

凭证式国债也是储蓄式国债的一种，只是之前储蓄式国债会给一些纸质的券，上面会写明券面值、利率等证明你购买了。凭证式是电子式的，不再给纸质证明材料。现在都换成电子式的了，所以区分也没有那么大。

同样，凭证式国债也是在各个银行办理，期限一般为 3 年或 5 年，比储蓄式短一些，利率在期限内也相对固定，高于定期存款。也可以提前取出，但是需要注意的是，不满 6 个月取出是不会计算任何利息的，超过 6 个月取出利息会按天给，按活期利率算。

购买这两类国债的流程是先获取债券的发行信息。国债的发行信息可以在各类理财网站获取，也可以关注一些专门的国债类资讯。例如，2020年的发行计划表中，发行时间和计息方式都可以提前知道，如图8-5所示。

品种	期限	发行始日	付息方式
凭证式	3年 5年	3月10日	到期一次还本付息
电子式	3年 5年	4月10日	每年付息一次
凭证式	3年 5年	5月10日	到期一次还本付息
电子式	3年 5年	6月10日	每年付息一次
电子式	3年 5年	7月10日	每年付息一次
电子式	3年 5年	8月10日	每年付息一次
凭证式	3年 5年	9月10日	到期一次还本付息
电子式	3年 5年	10月10日	每年付息一次
凭证式	3年 5年	11月10日	到期一次还本付息

图8-5 国债发行计划

获取发行信息，然后需要确认卖国债的银行有哪些，因为国债并不是所有银行都能买到，一些国债只在指定的银行销售，所以需要在购买前确认。找到银行了，即可到对应银行开通国债账户，到银行开通一个国债委托账户，同时存入对应的资金，如图8-6所示。

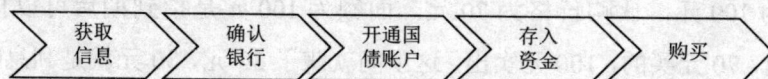

获取信息 ➤ 确认银行 ➤ 开通国债账户 ➤ 存入资金 ➤ 购买

图8-6 国债购买流程

这些都准备好后，即可购买，有两种方式。一种是到银行柜台排队办理，另一种是通过网上购买，每天8：30~16：30可以进行购买。

现在买国债的不少，而且因为金额有限，有可能抢不到，所以建议购买时可以选择一些小的地方商业银行，这里也会有些份额，还可能会抢到。

（3）记账式国债

记账式国债可以在证券交易所进行转让，它的主要发行渠道是证券交易所，有一些银行也会有，但数量少。购买流程和之前两种差不多，只是购买渠道变了。

因为可以随时转让，所以利率不固定，随行就市，买了以后，价格有可能升高，也有可能下跌，有一定风险，比较适合短期操作。储蓄式国债和凭证式国债建议长期持有，把它当作一个定期存款进行，记账式国债可通过买卖差价来获利，建议短期持有。

8.3 国债计息方式

国债的计息方式主要分为贴现国债、付息国债和零息国债三类，如图 8-7 所示。

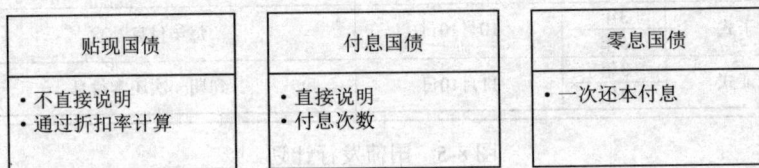

贴现国债	付息国债	零息国债
• 不直接说明 • 通过折扣率计算	• 直接说明 • 付息次数	• 一次还本付息

图 8-7　国债计息方式

（1）贴现国债

贴现国债在买入时，不会直接说明利息是多少，而是通过折扣率来计算利息。国债的面额和发行价之间的差距即为折扣率。例如，一只国债的面额为 100 元，认购价格为 70 元。面额为 100 元是指到期后可以按 100 元卖出，70 元买的，100 元卖出，这中间就赚了 30 元，30 元就是利息收入。

这样还不够直观，换算成年化率来看下。搜索"债券认购收益率"计算器，选中"贴现债券"。在"债券面额"中输入 100，"认购价格"中输入 70，"债券期限"中输入 5，计算结果为 8.57%，也就是每年的年化率为 8.57%，这已经比很多理财产品高很多了，如图 8-8 所示。

在购买贴现国债前，可以计算下年化率，和定期存款、货币基金进行比较，看看合不合适。如果比两者都高，就比较适合购买。如果只比定期存款高，比货币基金低，就不建议购买。还是选择货币基金，这样流动性高一些。

贴现国债在查看详情时都可以直接看到面额和发行价。如图8-9所示，这只国债的面额为100元，发行价为98.44元，可以按刚才的计算方法进行计算，看看它的收益率是多少。

图 8-8　贴现国债收益计算

项目	详细资料
公司名称	2018年记账式贴现(十二期)国债
债券代码	189912
代码简称	18贴现国债12
发布时间	2018-03-12
上市日	2018-03-14
发行额(亿元)	100.0000
面额(元)	100.00
发行价(元)	98.44
期限(年)	0.4986
年利率(%)	
调整后年利率	0.00000000
计息日	3.12
到期日	2018-09-09
兑付价(元)	0.00
发行起始日	2018-03-12
发行截止日	2018-03-12
认购对象	
债券价值	0.00
上市地	银行间
信用级别	
发行单位	财政部
还本付息方式	贴现
发行担保人	

图 8-9　贴现国债示例

（2）付息国债

付息国债买的时候就明确了利率是多少，还明确了利息的支付方式，是一年付一次利息，还是一年两次、四次、按季、按半年付等，这些都会在详情中标明。如图 8-10 所示，这只国债的面额和发行价完全相同，没有差价，但指定了年利率是 3.85%，"还本付息方式"为半年付，也就是一年会付两次利息。

项目	详细资料
公司名称	2018年记账式附息(四期)国债
债券代码	180004
代码简称	18附息国债04
发布时间	2018-02-01
上市日	2018-02-05
发行额(亿元)	200.0000
面额(元)	100.00
发行价(元)	100.00
期限(年)	10
年利率(%)	3.85
调整后年利率	0.00000000
计息日	2.1
到期日	2028-01-31
兑付价(元)	0.00
发行起始日	2018-02-01
发行截止日	2018-02-01
认购对象	
债券价值	0.00
上市地	银行间
信用级别	
发行单位	财政部
还本付息方式	半年付
发行担保人	
发行方式	多种价格（混合式）招标
发行对象	

图 8-10　附息国债示例

（3）零息国债

零息国债是一次性还本付息的，买了以后中间不会支付任何利息，直到到期以后，才会把本金和利息一次性给你，就相当于是一个定期存款。

8.4　国债获利方式

了解了国债的分类和计息方式，下面介绍如何通过国债获利，如图 8-11 所示。

国债获利方式

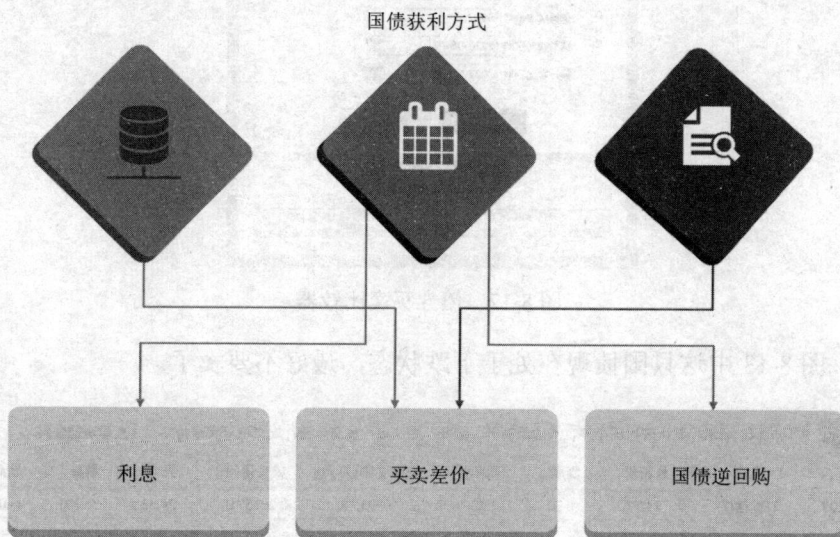

图 8-11　国债获利方式

（1）利息

利息是最简单的，就是买了国债以后一直持有，通过获取利息来获利。不管是储蓄式还有凭证式，买了以后就一直持有，也不提前赎回，一直到到期，就当作一个定期存款，这样可以保证得到对应的利息，还可以保证本金安全。另外，因为国债的时间一般较长，也可以起到抵消通货膨胀的作用。

（2）买卖差价

买卖差价就是在证券市场上进行国债的买卖，通过利率的变化，上涨了就卖出，下跌了就买入，而形成的买卖差价。

判断买入还是卖出，可以搜索债券买卖比较器进行计算。如果现在要卖出去，就选择出售收益，和当前银行的存款利率进行比较，比银行存款利率高，卖出去就合适，如果低就不建议卖了，如图 8-12 所示。

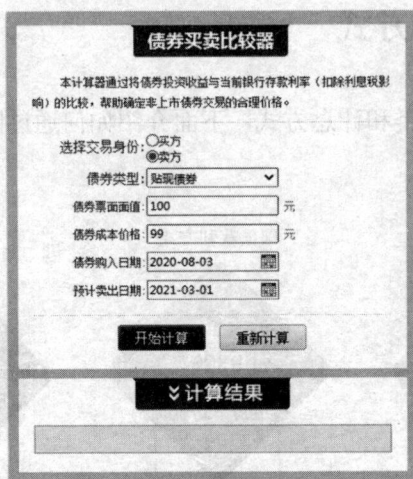

图 8-12　债券买卖比较器

图 8-13 中这只国债现在处于下跌状态，最好不要卖了。

代码↓	简称	最新价	涨跌	涨跌幅	成交金额(万元)	成交量(手)	开盘	最高	最低
010107	21国债(7)	24.77	-0.30	-1.20%	4993.30	2035718	24.33	25.10	24.06

沪国债表 提示：默认按代码排序，点击最新价、涨跌、涨跌幅、成交金额、成交量可实现排序　　查看全部资料>>

图 8-13　下跌状态示例

（3）国债逆回购

逆回购就是将债券做抵押，来换取其他的东西。例如 100 元的债券，现在评估下来值 150 元，就可以把债券抵押，换成 150 元的股票，相当于原本要花 150 元的东西，现在只花 100 元就得到了。等股票上涨了，获利也就多了。这种方式获利高，对应的风险也高，所以不建议通过这种方式进行操作。

如果要通过国债进行理财，还是建议采用第一种方法，长期持有，来获得对应的利息。其他两种风险高，不易操作。

第9章 纯债券基金——既有保障性又有流动性，低风险最佳选择

第8章介绍的债券好处是风险低，收益相对稳定，日期固定，特别是对国债来说，缺点是流动性比较差。想要收益稳定的同时流动性好一些，可以选择债券基金。

债券基金的投资方向是各种国债、企业债和金融债等。因为开放式基金可以随时买入卖出，所以相对于债券，债券基金的流动性就比较强。因为随时可以买卖，收益就不是固定的，会根据市场环境的变化来变化，不像国债一样买的时候就知道利率是多少。但从整体来看，债券基金的风险还是比较低的，只是大于货币基金，比混合基金、指数基金和股票基金低多了，对应的收益也还算稳定。

想查看基金，可以在各个理财网站上查看，不管是证券、银行、基金公司，还是第三方平台。例如，在天天基金网上，在首页单击"基金排名"进入，在"开放基金"下面可以看到各类基金，有股票型、混合型、债券型和指数型等，单击"债券型"，即可看到全部债券基金。

在下面还可以看到几个分类，长期纯债、短期纯债、混合债基、定期开放债券及可转债等，如图9-1所示。

全部(14108)	股票型(2632)	混合型(7896)	债券型(3287)	指数型(2073)	QDII(293)	LOF(355)	FOF(748)

分类：**全部** 长期纯债 短期纯债 混合债基 定期开放债券 可转债 ▷▷ 定开债开放日一览

杠杆比例：**全部** 0-100% 100%-150% 150%-200% 200%以上

比较	序号	基金代码	基金简称	日期	单位净值	累计净值	日增长率	近1周	近1月	近3月	近6月	近1年‡	近2年	近3年	今年来	成立来
☐	1	003384	金鹰添盈纯债	10-11	1.9342	2.2841	-0.02%	0.03%	0.14%	0.31%	135.81%	136.17%	127.23%	106.98%	135.86%	143.31%
☐	2	012823	金鹰添荣纯债	10-11	1.8829	2.1029	-0.03%	0.02%	0.14%	0.30%	130.65%	128.87%	120.29%		128.05%	104.10%
☐	3	004596	中科沃土沃安	10-11	1.2700	1.4069	-0.05%	0.12%	0.28%	1.12%	26.31%	27.31%	29.97%	1.61%	45.03%
☐	4	002274	中邮纯债聚利	10-11	1.1405	1.5201	-0.04%	-0.01%	0.11%	0.25%	20.00%	20.64%	24.58%	29.74%	20.43%	58.67%
☐	5	002275	中邮纯债聚利	10-11	1.1376	1.4441	-0.03%	-0.03%	0.09%	0.23%	19.84%	20.31%	23.90%	28.71%	20.18%	48.73%
☐	6	550013	中信保诚景华	10-11	1.2010	1.2406	-0.01%	0.07%	0.23%	0.40%	1.43%	17.61%	20.75%	24.37%	17.49%	24.82%

图9-1 债券基金列表

9.1 债券基金的分类

（1）纯债基金

纯债基金是标准的债券基金，它的资金 100% 全部用于投资各种国债、地方债和企业债等。具体投资方向可以点击基金进入，在基金概括中查看投资范围。如图 9-2 所示，这只基金就列出这么多的投资范围，明确了不投资股票权益类产品。

○ 投资目标

在严格控制风险的基础上,本基金主要通过投资于精选的流动性好、风险低的债券,力求实现基金资产的长期稳定增值,为投资者实现超越业绩比较基准的收益。

○ 投资理念

暂无数据

○ 投资范围

本基金的投资范围主要为具有良好流动性的金融工具,包括国债、金融债、企业债、公司债、央行票据、中期票据、短期融资券、超短期融资券、资产支持证券、次级债、可分离交易可转债的纯债部分、债券回购、银行存款、同业存单及法律法规或中国证监会允许基金投资的其他金融工具(但须符合中国证监会的相关规定)。本基金不投资于股票、权证等权益类资产,也不投资于可转换债券(可分离交易可转债的纯债部分除外)、可交换债券。因投资分离交易可转债所形成的权证部分,本基金将在其可交易之日起 10 个工作日内卖出。

图 9-2　纯债基金投资范围

按时间长短，纯债基金又分为长期纯债和短期纯债两类，可以根据计划投资的时间长短来决定。如果想长期持有，就选择长期的。如果只想短期操作，就选择短期的。判断选择方法一样，稍后介绍。

（2）混合债券基金

混合债券基金中有 80% 的资金用于购买各类债券，其他的资金用于购买一些高风险的产品，如新股申购等。具体的内容同样可通过查看投资范围得知。如图 9-3 所示，这只基金直接标明会投资于股票，相对应的风险就会高一些，但是也只有 20% 的风险。

（3）定期开放债券基金

定期开放债券基金可以把它理解为一个封闭式基金，每隔三个月、半年或者一年开放一次。封闭期间内不能进行任何交易，只有到了开放时间才可以进行买卖。封闭式相对于开放式也有一定的优势，它没有资金赎回压力，可以更安心操作，可以把全部资金用于投资，所以它的收益相对也高。劣势就是流动性差，不透明。在后面章节介绍封闭基金时进行详细介绍。

○ 投资目标
本基金为开放式债券型基金，以债券投资为主，股票投资为辅，在保持投资组合低风险和充分流动性的前提下，确保基金安全及追求资产长期稳定增值。

○ 投资理念
积极投资、稳健投资、组合投资与灵活投资。

○ 投资范围
具有良好流动性的金融工具，包括国内公开发行的各类债券、股票及中国证监会允许基金投资的其他金融工具。作为债券型基金，本基金主要投资于各类债券，品种主要包括国债、金融债、企业债与可转换债券。

图 9-3　混合基金投资范围

另一个是可转债，下一章会介绍，本章节重点介绍纯债基金。

纯债券基金和货币基金相比，利率相对高一些。

购买纯债基金也应该以"防御"为主，和货币基金一样，当股市表现不佳时，债券市场就会开始火爆，因为很多人都退场开始追求平稳，这时也是卖出债券基金的好时候。

有时在查看债券基金时，还会看到同一只基金名字后面带着不同的字母，ABC 三类，代码完全不同（见图 9-4），这是算一只基金还是两只基金？

004988	人保双利A
004989	人保双利C
007601	人保利璟纯债A
007602	人保利璟纯债C
000197	富国目标收益一年期纯债债券
000202	富国目标收益两年期纯债债券
100066	富国纯债债券发起A/B
100068	富国纯债债券发起C

图 9-4　债券基金不同字母

这其实算同一只基金，只不过收费方式不同。A 是指前端收费，B 是指后端收费，C 是指没有申购费。同一只基金分为 A 和 C 两类，是指后一种是前端收费，还有一种没有申购费。

前端收费就是在买这只基金时，申购费和认购费等直接扣除了；后端收费就是买的时候不扣，等卖出时才扣。大部分是持有的时间越长，费用越少，所以，能选择后端收费就选择后端，也就是选择带 B 的比较合适。当然，有 C 可以选择更好，这样直接没有申购费。

9.2 债券基金的选择步骤

下面介绍如何选择适合的债券基金，主要分为五个步骤：第一步是筛选基金，第二步是了解基本概况，第三步是了解基金实力，第四步是判断风险，第五步是判断盈利能力，如图 9-5 所示。

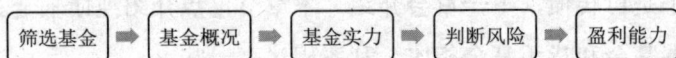

图 9-5 债券基金选择步骤

第一步：筛选基金。

怎么从这么多的基金选出好的基金？可通过排行榜做筛选，按从成立以来的收益从高到低排列，从排在前 20 的里面来选择即可，如图 9-6 所示。

全部(7299) 股票型(1431) 混合型(3781) 债券型(1908) 指数型(1074) QDII(179) LOF(331) FOF(153)

分类： 全部 长期纯债 短期纯债 混合债基 定期开放债券 可转债 定开债开放日一览

杠杆比例： 全部 0-100% 100%-150% 150%-200% 200%以上

比较	序号	基金代码	基金简称	日期	单位净值	累计净值	日增长率	近1周	近1月	近3月	近6月	近1年	近2年	近3年	今年来	成立来	自
☐	1	006011	中信保诚稳鸿	02-04	5.5227	6.8782	-0.01%	0.09%	0.05%	0.15%	0.94%	0.98%	5.58%	---	0.08%	588.27%	
☐	2	003793	泰达宏利溢利	02-04	1.6241	2.5481	-0.08%	-0.06%	-0.14%	0.79%	1.13%	1.62%	146.49%	158.59%	-0.22%	169.98%	
☐	3	217003	招商安泰债券	02-04	1.1840	2.1055	-0.08%	-0.08%	0.00%	-0.09%	0.65%	1.29%	7.15%	15.42%	0.04%	167.12%	
☐	4	519061	海富通纯债债	02-04	1.1230	2.3580	-0.44%	-0.80%	-2.43%	-2.75%	-3.16%	-1.90%	0.22%	7.86%	-2.35%	144.59%	
☐	5	519060	海富通纯债债	02-04	1.1120	2.3120	-0.45%	-0.89%	-2.54%	-2.86%	-3.27%	-2.25%	-0.49%	6.79%	-2.46%	138.24%	
☐	6	161603	融通债券A/	02-04	0.9940	1.9460	-0.10%	-0.10%	-0.60%	-5.33%	-4.79%	-4.42%	-0.88%	11.29%	-0.60%	132.00%	
☐	7	519746	交银丰享收益	02-04	2.1029	2.2419	-0.01%	0.05%	0.31%	0.59%	1.22%	2.29%	6.39%	10.78%	0.38%	124.21%	
☐	8	217203	招商安泰债券	02-04	1.1951	2.0486	-0.08%	-0.08%	-0.03%	-0.17%	0.50%	0.99%	6.51%	14.39%	0.01%	124.03%	
☐	9	004400	金信民兴债券	02-04	1.0358	2.0449	-0.05%	-0.01%	-0.22%	0.16%	0.67%	0.53%	3.90%	115.17%	-0.21%	107.94%	
☐	10	002881	中加丰泰纯债	02-04	1.1938	2.0418	0.01%	0.13%	0.40%	-0.13%	0.71%	1.02%	5.02%	11.85%	0.44%	105.76%	

图 9-6 筛选基金

这里并不是要选择排在第一位的，而是要看整体收益，从近 1 周到近 3 年，如果都是红色的，说明一直在盈利，这样的肯定是好的。中间有绿的也不怕，先从这前 20 里面筛选出红色比较多的。这样至少有个范围，接下来再来详细查看。

第二步：了解基本概况。

这就需要查看每个基金的详细，单击基金名字即可进入基金详细页，如图 9-7 所示。

基金全称	泰达宏利溢利债券型证券投资基金	基金简称	泰达宏利溢利债券A
基金代码	003793（前端）	基金类型	债券型
发行日期	2017年01月16日	成立日期/规模	2017年01月22日 / 2.000亿份
资产规模	19.79亿元（截止至：2020年12月31日）	份额规模	11.6117亿份（截止至：2020年12月31日）
基金管理人	泰达宏利基金	基金托管人	北京银行
基金经理人	杜磊、宁雪	成立来分红	每份累计0.92元（16次）
管理费率	0.30%（每年）	托管费率	0.10%（每年）
销售服务费率	0.00%（每年）	最高认购费率	0.60%（前端）
最高申购费率	0.80%（前端） 天天基金优惠费率：0.08%（前端）	最高赎回费率	1.50%（前端）
业绩比较基准	中国债券综合指数收益率	跟踪标的	该基金无跟踪标的

图 9-7　基金概况

先来看"基金概况"，这里第一个关注的是成立日期，成立日期越早越好。因为成立得越久，就有更多的数据用于做判断。

成立三年以上的就比刚刚成立的数据多，这三年它的收益情况怎么样，直接就可以看到；而刚刚成立的，没有多少数据来说明它是好是坏。一只基金成立日期是 2017 年，另一只是 2020 年，优先选择 2017 年的。不能说刚成立的就不好，主要是没有数据来证明它好，保险一些，还是选择能证明的。

第二个要关注的是资产规模。相对来说，规模大一些的就比小的抗风险能力强。一只基金的资产规模为 0.23 亿元，另一只为 19.79 亿元，优先选择 19.79 亿元的。

需要注意的是，不能太过于追求大规模的基金，一般超过 50 亿元的不建议选择。因为基金规模太大，一旦遇到大的风险，做出反应会相对慢一点。常言道："船小好调头。"船太大了，想掉头比较困难；但船太小了，还有可能翻船，所以选择中等规模的比较好。建议选择规模在 20 亿～

50 亿元的。

第三个关注的是收费情况，看下申购费、认购费和托管费等各种费用收多少，是前端收还是后端收。这里建议不要太在意这些费用，毕竟作为普通人，资金量不会太大，对应的手续费也不会很多。另外，债券基金的收费都差不多。如果特别在意，可以按刚才介绍的，选择 C 类，可以省一笔申购费。

第三步：了解基金实力。

这就需要进一步了解基金实力，包括基金经理的、基金公司，还有本基金的。

首先来看基金经理。前面介绍基金时提到过，基金就是把你的钱交给专业的人，也就是基金经理来管理，基金经理能力的好坏，直接决定能不能获利。能力强，收益就高，能力差，收益就低。所以选择一个好的基金经理很有必要。

判断基金经理的好坏，直接看他所管理基金的任职回报率。图 9-8 中这位基金经理所管的基金里，回报率低的为 0.73%，高的为 4.46%，同时还有很多负的回报率。

基金代码	基金名称	基金类型	起始时间	截止时间	任职天数	任职回报
008852	人保鑫选双债A	债券型	2020-10-20	至今	105天	-0.02%
008853	人保鑫选双债C	债券型	2020-10-20	至今	105天	-0.14%
005715	人保纯债一年定开A	定开债券	2020-07-08	至今	209天	-1.14%
005716	人保纯债一年定开C	定开债券	2020-07-08	至今	209天	-1.36%
006638	人保鑫盛纯债A	债券型	2020-07-08	至今	209天	-2.52%
006639	人保鑫盛纯债C	债券型	2020-07-08	至今	209天	-2.65%
007264	人保中高等级信用债A	债券型	2020-07-08	至今	209天	1.12%
007265	人保中高等级信用债C	债券型	2020-07-08	至今	209天	0.89%
004988	人保双利A	混合型	2020-06-03	至今	244天	4.46%
004989	人保双利C	混合型	2020-06-03	至今	244天	4.22%
007601	人保利璟纯债A	债券型	2020-06-03	至今	244天	0.74%
007602	人保利璟纯债C	债券型	2020-06-03	至今	244天	0.73%

图 9-8　差的任职回报率

如图 9-9 所示，这位基金经理所管理的基金没有出现负的情况，全部是正的，最低的为 1.81%，高的达到 8.76%。

基金代码	基金名称	基金类型	起始时间	截止时间	任职天数	任职回报
003073	泰达宏利汇利债券A	债券型	2020-01-22	至今	1年又12天	2.30%
003074	泰达宏利汇利债券C	债券型	2020-01-22	至今	1年又12天	2.06%
003767	泰达宏利纯利债券A	债券型	2020-01-22	至今	1年又12天	3.30%
003768	泰达宏利纯利债券C	债券型	2020-01-22	至今	1年又12天	2.87%
003793	泰达宏利溢利债券A	债券型	2020-01-22	至今	1年又12天	2.14%
003794	泰达宏利溢利债券C	债券型	2020-01-22	至今	1年又12天	1.81%
007640	泰达宏利永利债券	债券型	2020-01-22	至今	1年又12天	5.12%
162215	泰达宏利聚利债券(LOF)	债券型	2020-01-22	至今	1年又12天	8.76%
000700	泰达宏利货币B	货币型	2020-01-19	至今	1年又15天	2.39%
001894	泰达宏利活期友货币A	货币型	2020-01-19	至今	1年又15天	2.02%
001895	泰达宏利活期友货币B	货币型	2020-01-19	至今	1年又15天	2.16%

图 9-9　好的任职回报率

这就相当于两个学生，一个学生每次考试都能及格，另一个偶尔会不及格，这种情况下你觉得他们哪个能力好？答案肯定是一直及格的能力好一些，至少能够稳定发挥。所以在任职回报率出现负的情况不建议选择，如果两个基金经理的任职回报率都是正的，就看看谁的回报率高，然后选择普遍高的。

同时需要注意的是基金经理的变动，选择变动少的，管理时间长一些的，不要选择短期内经常变动的，如图 9-10 所示。

基金经理变动一览				
起始期	截止期	基金经理	任职期间	任职回报
2014-07-08	至今	韩晶	7年又132天	151.51%
2013-03-15	2014-07-08	张矛	1年又115天	0.07%
2011-08-25	2013-03-15	韩晶 张矛	1年又203天	5.71%
2010-01-14	2011-08-25	索峰 韩晶	1年又223天	6.18%
2006-03-28	2010-01-14	索峰	3年又293天	92.72%
2004-09-11	2006-03-28	毛卫文	1年又198天	19.55%
2003-08-04	2004-09-11	毛卫文 饶雄	1年又39天	-2.03%

图 9-10　基金经理变动

由图 9-10 可看到，这只基金，前期基金经理经常变动，一年左右就换一个，对应的收益也不高，后期不变动后，长期由一位基金经理来管理，目前已经管理了七年多，对应的收益也高了。

如果基金经理能力强，对应的基金公司没实力，也不建议选择。看完了基金经理，接下来还要了解基金公司的实力。如果基金公司有实力，则团队比较好，抗风险能力也会强。

如图 9-11 所示，对比这两家基金公司，第 1 个基金公司的规模为491.22 亿元，基金数量为 88 只，经理人数为 16 人；第 2 个规模相对小一些，为 123.86 亿元，基金数量 39 只，经理人数 10 人。

泰达宏利基金管理有限公司
Manulife Teda Fund Management Co.,ltd.

泰达宏利基金 2019年度一年期年度最具营销创意基金公司 更多 ＞

办公地址：北京市朝阳区针织路23号楼中国人寿金融中心6层02-07单元		网站地址：www.mfcteda.com
总经理：傅国庆		客服热线：400-698-8888,010-66555662

管理规模：491.22亿元　　基金数量：88只　　经理人数：16人　　天相评级：★★★★★　　成立日期：2002-06-06　　公司性质：合资企业

中国人保资产管理有限公司
Picc Asset Management Company Limited

更多 ＞

办公地址：上海市浦东新区世纪大道1198号世纪汇广场1座21层		网站地址：www.piccamc.com
总经理：曾北川		客服热线：400-820-7999

管理规模：123.86亿元　　基金数量：39只　　经理人数：10人　　天相评级：暂无评级　　成立日期：2003-07-16　　公司性质：中资企业 (保险系)

图 9-11　基金公司对比

综上所述，还是第 1 个基金公司实力好一些，规模大，基金数量多，人员也多一些。另外还有三星评级，第 2 个基金公司完全没有。

基金公司实力只是作为一个参考，在基金经理差不多的情况下，不知道该选择哪个，就可以看他所属公司的情况。

了解了基金经理、基金公司的实力，再重点关注本基金的规模变动。规模建议选择中等的，太大和太小都不太好，了解下基金的规模是在逐步变大，还是逐步变小，如图 9-12 所示。

由图 9-12 可以看到，左侧这只基金的规模在从小逐步变大中，到现在又开始缩小，总体来看还是在一个合理范围内。而右侧这只基金的规模一直在变小中，说明很多人不看好它，所以这一类的尽量就不要选择。

净资产规模变动

净资产规模变动

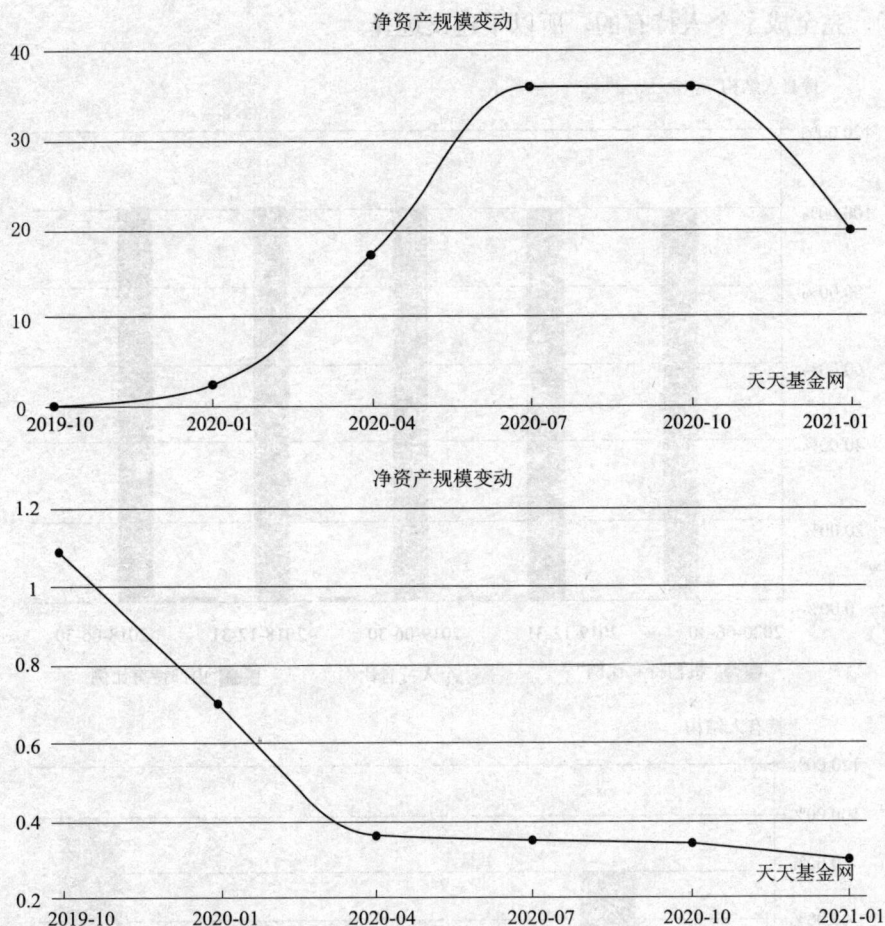

图 9-12 基金规模变动

第四步：判断风险。

判断基金风险，可以根据持有人的变化来判断。

持有人一般有三类，内部、机构和个人，如图 9-13 所示。有内部持有的，优先选择，因为有内部持有说明基金公司自己看好这只基金。没有内部持有的，就选择机构持有比例高的，因为机构的判断能力肯定比个人强，机构看好的基金，应该也不差。机构持有比例逐步变少的，说明机构不认可这只基金，如果机构都不认可，最好不要选择。

由图 9-13 可以看到，上侧这只基金，机构持有比例基本没怎么变，这说明机构是一直看好的；而下侧这只基金在逐渐减少，到后面都快看不到了，完全成了个人持有的，所以不建议选择。

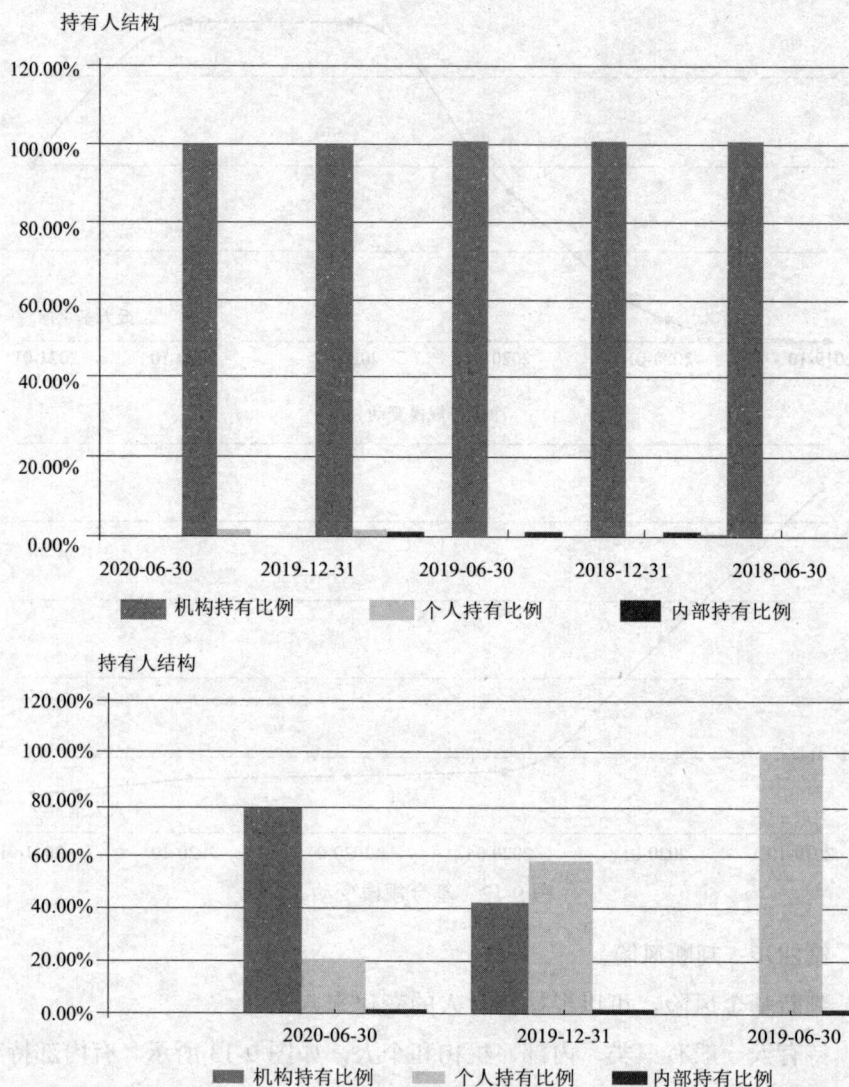

持有人结构

持有人结构

图 9-13　持有人结构变化

　　但这里需要注意的是，如果机构持有比例超过 99%，也不建议选择。因为机构持有超过 99%，一旦出现风险，机构会提前赎回，个人承担的风险就大了，最好选择机构持有比例在 90% 以下的。不作为依据，只做一个参考。

基金实力，还可以根据基金的评级变化来判断，星级越高越好。评级打分并不是谁都可以打的，是由一些专业机构根据一些数据来进行打分的，如图 9-14 所示。

基金评级					基金评级				
评级日期	招商评级	上海证券评级		诺安金信评级	评级日期	招商评级	上海证券评级		齐安金信评级
		三年期	五年期				三年期	五年期	
2020-10-30	★★★★★	–	–	–	2020-09-30	–	★	★★	★★
2020-09-30	–	★★★★★	★★★	★★★★	2020-07-24	★★★	–	–	–
2020-07-24	★★★★★	–	–	–	2020-06-30	–	★★	★★★	★★★
2020-06-30	–	★★★★★	★★★★★	★★★★	2020-03-31	–	★★	★★★★	★★
2020-04-24	★★★★★	–	–	–	2020-01-31	★★	–	–	–
2020-03-31	–	★★★★★	★★★★★	★★★★	2019-12-31	–	★★	★★★	★★
2020-01-31	★★★★	–	–	–	2019-10-25	★★	–	–	–
2019-12-31	–	★★★★★	★★★★★	–	2019-09-30	–	★★	★	★
2019-10-25	★★★	–	–	–	2019-07-18	★★	–	–	–
2019-09-30	–	★★★★	★★★★★	–	2019-06-30	–	★★	★	★
2019-07-19	★★★	–	–	–	2019-04-26	★★	–	–	–

图 9-14 评级变化

由图 9-14 可以看到，左侧这只基金，招商和上海证券三年期评级一直都是 5 颗星，这说明还是比较看好的，可以选择；右侧这只基金评级是在变化的，上海证券三年期在 2020 年 6 月是两颗星，到现在变成一颗星，星级变少，也就是人们对这只基金的评价普遍不看好，既然不看好，就不要选择它了。

第五步：判断盈利能力。

首先看下基金的持仓情况，就是具体都买了哪些债券，如图 9-15 所示。

序号	债券代码	债券名称	占净值比例	持仓市值（万元）
1	200313	20进出13	14.77%	29,243.60
2	190214	19国开14	13.66%	27,051.30
3	200202	20国开02	9.86%	19,530.00
4	190308	19进出08	9.15%	18,120.60
5	092018003	20农发清发03	7.63%	15,102.00

图 9-15 低风险持仓详情

如图 9-16 所示，这只基金购买的大部分都是国债，由此可知这只基金的风险低，利率也相对稳定，盈利不用发愁。

由图 9-16 可以看到，这只基金，持仓前十大部分都是可转债，风险比持仓国债的基金高多了，利率不太稳定，有可能会比持国债的高，也有可能低。可以根据自己的风险接受度进行选择。想稳定收益的，就选择上面那只基金，想要冒险搏一下的，可以选择这只基金。

序号	债券代码	债券名称	占净值比例	持仓市值（万元）
1	112732	18航技03	6.80%	201.46
2	124598	PR济城投	5.44%	161.20
3	128034	江银转债	5.00%	148.20
4	113516	苏农转债	5.00%	148.16
5	110043	无锡转债	4.98%	147.49
6	128048	张行转债	4.96%	146.87
7	110059	浦发转债	4.95%	146.59
8	113021	中信转债	4.94%	146.24
9	113011	光大转债	4.93%	146.18
10	110053	苏银转债	4.93%	146.15

图 9-16　高风险持仓详情

判断盈利能力，还可以和同类型的进行比较。通过累计收益走势图来查看，波动大的是本基金，平稳的是同类型的平均值，如图 9-17 所示。如果在同类型的上面，说明它比一般的都强，盈利能力还是比较好的，建议选择；如果一直在同类型的下面，说明比不过大部分的，盈利能力不好，不建议选择。

选择时间 1月 3月 6月 1年 3年 5年 今年 最大

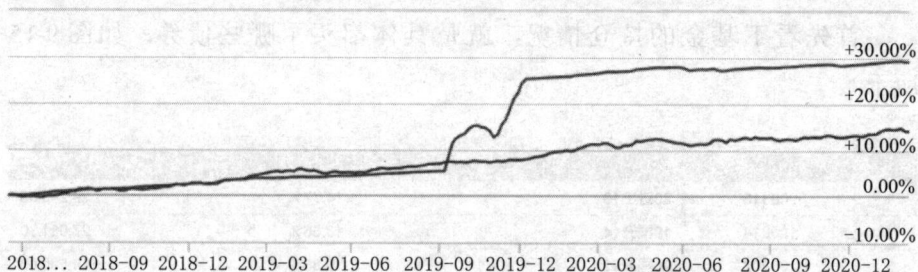

2018... 2018-09 2018-12 2019-03 2019-06 2019-09 2019-12 2020-03 2020-06 2020-09 2020-12

选择时间 1月 3月 6月 1年 3年 5年 今年 最大

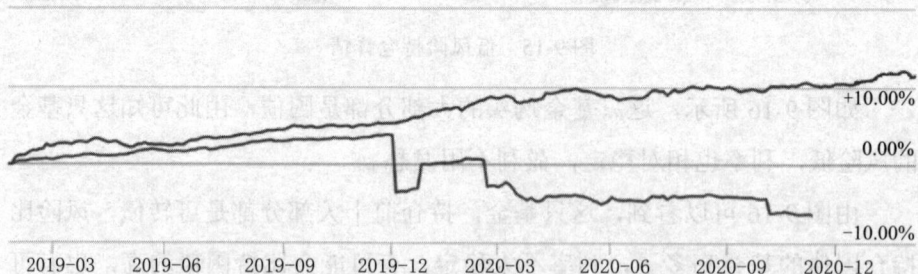

2019-03　　2019-06　　2019-09　　2019-12　　2020-03　　2020-06　　2020-09　　2020-12

图 9-17　通过累计收益走势图进行同类型比较

由图 9-17 可以看到，上面这只基金，前期和同类基金差不多，但后期走势远远高于同类型的；而下面这只基金，前期也差不多，但到了后期却一直走低，怎么也追不上同类型的了。就像 100 个人中，平均分为 60 分，一个是一直比 60 分高，另一个是一直都达不到 60 分，当然就选择一直比 60 分高的。

根据这五个步骤，可筛选出一些好基金，建议债券基金选出一两只即可，再加上一两只货币基金，保本的产品完全够用了，更多的可以选择一些其他类型。

9.3 买入卖出时机

选择好了基金，接下来想知道什么时候买入，什么时候卖比较合适。对于债券基金来说，任何时候都适合，和购买货币基金一样，可以随时买入卖出。

把图 9-17 再来和沪深 300 指数对照一下（波动大的为沪深 300 走势），如图 9-18 所示。

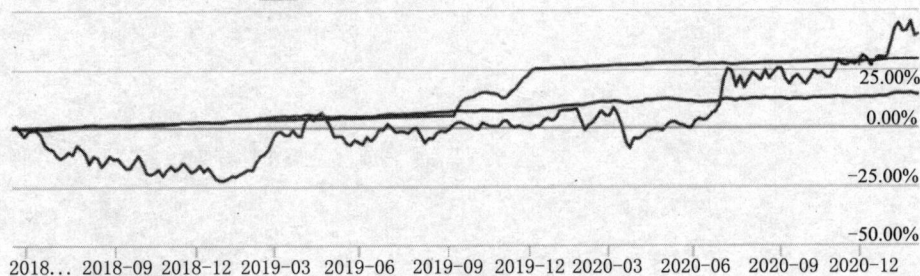

图 9-18　沪深 300 指数比较

沪深 300 指数能够代表整个市场环境，特别是股市行情。可以看到不管市场环境如何波动，债券类基金和货币基金一样，也是基本保持在一条直线上下，并没有出现大的波动。就算有个别的小波动出现，后续也会继续保持平稳。

　　所以购买债券基金时，不需要考虑时机，随时都可以买卖。只有在买卖其他基金，如股票基金经常出现波动的，这时需要考虑低点要不要加仓，高点要不要卖出等。把更多时间和精力放在其他理财产品上，这些保本的产品就不用管了。

第四部分

风险与收益并存，
平衡型理财方式

第 10 章　可转债基金——可进可退，多条路多重保障

根据不同的发行方，债券分为不同的分类：由政府发行的是国债和地方债，由金融机构发行的是金融债，而由企业自己发行的是企业债。相对应来看，国债风险最低，收益也相对固定；金融债属于中等风险；企业债收益比较高，当然风险也是最高的。

债券基金有个分类叫作可转债基金，可转债也是企业债的一种，只不过多加了一重保险，所以对应的风险会低一些，再加上是基金，风险会进一步平摊，如果想要收益高一些，风险低一些，可以考虑选择可转债基金。

下面进一步来了解如何选择企业债和可转债基金。

10.1　企业债的选择步骤

企业债的风险主要体现在利率风险和信用风险上。有可能公司盈利能力差，一开始答应的利率到期后无法兑现；还有可能公司经营出了问题，到期后本金都无法偿还，就像在股市中全部亏损了。所以在选择企业债时，一定要关注企业的盈利能力和偿还能力。

盈利能力，即了解这家公司的整体实力如何，看它是否是重点产业或是支柱产业，还要看公司规模等。

相对应的处于行业领先地位，公司规模也比较大的，盈利能力也会不错。如果对应的行业还有政策扶持，那说明它有能力。如现阶段，新能源、半导体行业是国家重点发展、重点扶持的，所以属于这个行业的发展都不

会差，将来大概率可以盈利。但像传统煤炭行业，因为环境保护的政策，发展会受限，盈利能力也会变差。

偿还能力，即了解它的负债结构。可以看一下这家企业的流动资金有多少，包括现金、营收款等；再看一下它的非流动资产有多少，如厂房、设备之类的，就是能够变现的；还有各类负债、欠银行的贷款、欠供货商的款项等。这些信息可以在公司发布的年报中获取到。

个人理财要有一些现金作为备用金，负债占比最好在 30% 左右，这样才是比较好的财务状况。对应到一家企业上也是一样，如果现金没有多少，那么对抗风险的能力就会很差。如果负债占比太大，超过 50%，那么负债结构也不好。这类公司的偿还能力就是差的，因为没有多少钱还债务。

在选择公司债时还要看一下它是否是有担保。如果这家企业发行债券时是有担保的，肯定就比没有担保的强。有担保的到时候偿还上真出现问题，还可通过担保来解决。

担保分为责任人担保、抵押担保和质押担保。

责任人就相当于找了一个中间人来担保，出了问题由中间人来负责偿还；抵押担保就相当于抵押贷款一样，发行债务时抵押了一些资产，如厂房、生产设备等。如果偿还出现问题，可以将这些抵押变卖后来偿还债务；质押担保就是抵押一些股权来发行债务，这个是没有厂房等实体，股权到时候真正能卖多少也不好说。

整体来说，有抵押的公司债比没有抵押的多了一重保障，所以在选择时优先选择有抵押的，这样企业债的风险也可以降低，如图 10-1 所示。

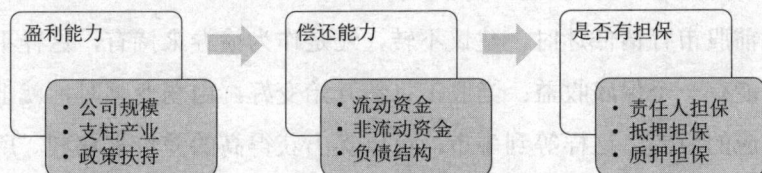

图 10-1　企业债选择步骤

10.2　可转债与可转债基金

（1）可转债

一开始买可转债时大家买的实际上是企业债，但到了约定期限后，除了可以选择赎回债券还本付息外，还可以选择不赎回，把它转换成公司对应的股票继续持有。

可转债同时具有债权属性和股权属性，相当于有了双重保障，如图 10-2 所示。在债券持有期内，可获得对应的利息收入，到期后把债权转化成股票，可获得分红，如果公司股价上涨了，还可以卖出去，通过差价来获利。可进可退，进可以通过股票获得高收益，退可以通过债券获得约定收益。不论哪种操作，都有利可图。

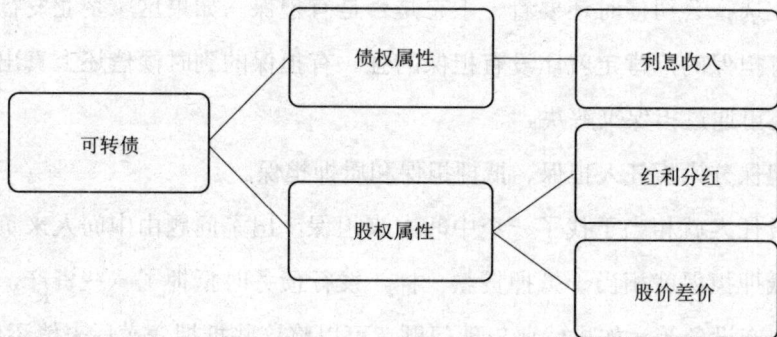

```
                          ┌──────────┐       ┌──────────┐
                          │  债权属性  │───────│  利息收入  │
                          └──────────┘       └──────────┘
            ┌────────┐                        ┌──────────┐
            │ 可转债 │                         │  红利分红  │
            └────────┘                        └──────────┘
                          ┌──────────┐       ┌──────────┐
                          │  股权属性  │───────│  股价差价  │
                          └──────────┘       └──────────┘
```

图 10-2　可转债属性

具体什么时候可以转，在发行债券时会说明，一般在发行 6 个月后即可，转换时间比较长。如图 10-3 所示，这只可转债的转换期从 2018 年到 2024 年，有近 6 年的时间。在这 6 年内，可以继续当债券持有，也可以根据条款规定，随时转成股票继续持有。

当前股市行情低迷时，建议不转，还是作为债券来持有，这样不会亏本，还能有一个保底收益；当股市行情开始变好，由弱变强时，就把它转换成对应的股票，这样等到牛市，可以卖出获得高的差价来获利。所以可转债比单纯的企业债更好一些。

发行额(亿元)	23.00	发行价(元)	100.00	期限(年)	6
每年付息	2.60	转换期间	2018.8.13-2024.2.6	到期日	2024-02-05
初始转股价(元)	52.7000	最新转股价(元)	NaN	转股比例(%)	NaN
转股价值(元)	NaN	转股溢价率(%)	NaN	纯债价格(元)	NaN

图 10-3　可转债转换期

（2）可转债基金

可转债基金的投资方向以可转债为主。自己单独去买企业债或可转债，同样的本金也只能买一两只，而只买一只可转债基金就相当于买了好多，因为一只可转债基金中包含很多企业债和可转债，还包含一些其他的理财产品，按不同的比例进行配置。如图 10-4 所示，这只基金的投资方向就包含多个可转债。

序号	债券代码	债券名称	占净值比例	持仓市值（万元）
1	113011	光大转债	5.48%	9,961.69
2	132018	G三峡EB1	3.95%	7,186.41
3	127005	长证转债	3.59%	6,521.26
4	128115	巨星转债	3.10%	5,637.66
5	113582	火炬转债	3.00%	5,455.88
6	113029	明阳转债	1.81%	3,295.09
7	113025	明泰转债	1.56%	2,844.10
8	113032	桐20转债	1.48%	2,682.39
9	128108	蓝帆转债	1.46%	2,646.43
10	128017	金禾转债	1.41%	2,570.55

图 10-4　可转债基金投资方向

可转债基金的查看方式还是在天天基金网上，进入排行榜，再点击债券型基金，即可看到可转债基金列表，如图 10-5 所示。具体都投了哪些，可以继续点击进入基金概括中查看它的投资范围。

全部(7289)	股票型(1428)	混合型(3774)	债券型(1908)	指数型(1072)	QDII(179)	LOF(330)	FOF(153)

分类: 全部 长期纯债 短期纯债 混合债基 定期开放债券 可转债 >> 定开债开放日一览

杠杆比例: 全部 0-100% 100%-150% 150%-200% 200%以上

比较	序号	基金代码	基金简称	日期	单位净值	累计净值	日增长率	近1周	近1月	近3月	近6月	近1年	近2年	近3年
☐	1	000297	鹏华可转债债	02-02	1.4450	1.5020	1.12%	-1.97%	4.56%	13.73%	12.04%	41.44%	80.53%	65.48%
☐	2	001045	华夏可转债增	02-02	1.6760	1.6760	0.96%	-1.35%	6.01%	20.06%	22.60%	47.02%	86.22%	61.62%
☐	3	163816	中银转债增强	02-02	2.9080	2.9080	1.15%	-2.84%	2.07%	4.15%	5.44%	28.05%	60.13%	48.67%
☐	4	163817	中银转债增强	02-02	2.8050	2.8050	1.15%	-2.84%	2.04%	4.08%	5.25%	27.56%	59.01%	47.09%
☐	5	004993	中欧可转债债	02-02	1.4719	1.4719	1.08%	-2.75%	2.75%	5.90%	4.86%	19.22%	48.20%	44.96%
☐	6	050019	博时转债增强	02-02	1.9300	1.9350	1.10%	-3.36%	3.15%	9.22%	5.81%	25.49%	59.77%	43.49%
☐	7	004994	中欧可转债债	02-02	1.4549	1.4549	1.07%	-2.75%	2.71%	5.80%	4.65%	18.73%	47.21%	43.42%
☐	8	050119	博时转债增强	02-02	1.8790	1.8830	1.08%	-3.39%	3.07%	9.12%	5.56%	25.02%	58.57%	41.92%
☐	9	240018	华宝可转债债	02-02	1.3145	1.3145	0.24%	-4.07%	-1.59%	-0.14%	-1.44%	13.46%	49.05%	41.37%
☐	10	005246	国泰可转债债	02-02	1.3850	1.3850	0.93%	-3.85%	0.36%	2.75%	3.66%	18.53%	47.04%	41.10%

图 10-5　可转债基金列表

10.3　可转债基金的选择步骤

这么多基金该如何选择？选择可转债基金的步骤和选择纯债券基金的步骤差不多，也是分为五个步骤：第一步先筛选基金，第二步查看基金概况，第三步评估基金实力，第四步判断风险，第五步判断盈利能力，如图 10-6 所示。

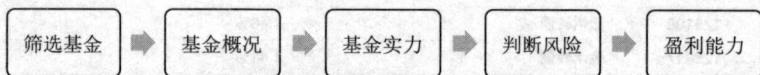

筛选基金 ➡ 基金概况 ➡ 基金实力 ➡ 判断风险 ➡ 盈利能力

图 10-6　可转债基金选择步骤

第一步，筛选基金。

先通过排行榜，按"成立来"从高到低排，从排在前 20 中的来选择，选择"近 6 月""近 1 年""近 2 年""近 3 年"收益是正数多一些的，正数多说明能够持续盈利。如果"近 1 周""近 1 月"是负数，其他是正数，说明现在比较适合入手，可以重点关注，如图 10-7 所示。

第二步，查看基金概况。

通过基金概况来查看它的成立日期和基金规模，成立日期越早越好，基金规模选择中等的，在 20 亿~50 亿为宜。

| | 全部(7304) | 股票型(1433) | 混合型(3787) | 债券型(1907) | 指数型(1074) | QDII(177) | LOF(331) | FOF(155) |

分类：全部　长期纯债　短期纯债　混合债基　定期开放债券　可转债　▶ 定开债开放日一览

杠杆比例 ●：全部　0-100%　100%-150%　150%-200%　200%以上

比较	序号	基金代码	基金简称	日期	单位净值	累计净值	日增长率	近1周	近1月	近3月	近6月	近1年	近2年	近3年	今年来	成立来
☐	1	519977	长信可转债债	02-05	1.6629	2.6229	-1.13%	-2.95%	-5.25%	-1.95%	-2.96%	16.91%	34.56%	22.39%	-2.83%	221.96%
☐	2	519976	长信可转债债	02-05	1.6099	2.5169	-1.13%	-2.95%	-5.28%	-2.03%	-3.13%	16.50%	33.35%	20.78%	-2.86%	202.03%
☐	3	163816	中银转债增强	02-05	2.8500	2.8500	0.11%	-0.77%	-3.29%	0.74%	0.53%	28.84%	56.94%	44.01%	0.04%	185.00%
☐	4	530020	建信转债增强	02-05	2.7710	2.7710	-0.29%	-2.57%	-6.98%	-2.70%	-6.35%	10.35%	27.23%	11.82%	-4.45%	177.10%
☐	5	163817	中银转债增强	02-05	2.7490	2.7490	0.11%	-0.79%	-3.31%	0.66%	0.33%	28.40%	55.84%	42.51%	0.00%	174.90%
☐	6	531020	建信转债增强	02-05	2.6840	2.6840	-0.30%	-2.58%	-7.00%	-2.79%	-6.51%	9.95%	26.25%	10.59%	-4.52%	168.40%
☐	7	470058	汇添富可转换	02-05	1.8180	2.1000	0.06%	-0.11%	-0.93%	2.94%	0.78%	23.67%	54.23%	37.99%	1.85%	125.78%

图 10-7　筛选基金

第三步，评估基金实力。

通过查看基金经理、基金公司，还有规划变动来评估基金实力。选择基金经理历任回报率比较好的，基金经理差不多的，就选择基金公司实力比较强的。同时查看本基金的规模变动，规模一直在变小的就不要选择。

第四步，判断风险。

除了上节介绍的看持有人变化和评级参数外，还需要关注资产配置、持仓情况和行业配置。

持有人最好选择机构持有多一些的，如果有内部持有的更好；评级参数最好选择三星以上的，而且最好是稳定不变或越来越高的，不要选择评级越来越低的。

资产配置是看一只基金中股票、债券和现金三者所占的比例。股票占比高，对应的风险也就高；债券占比高，对应的风险就会低一些。

由图 10-8 可以看到，这只基金的资产由股票、债券、现金三部分组成，股票占比不是很多，一直保持在 20% 左右，债券占比较高，将近 80%，还有一小部分是现金。

建议理财时要选有一定的现金的产品，高、中、低风险的资产都配置一些。这只基金包括股票、债券、现金，所以这种投资组合比较好。通过资产变动还可以看出，股票占比基本不变，多是债券和现金的比例在变化，整体风险并不高，而且还能有一小部分的股票来换取高收益，所以这只基金是比较好的，如图10-9所示。

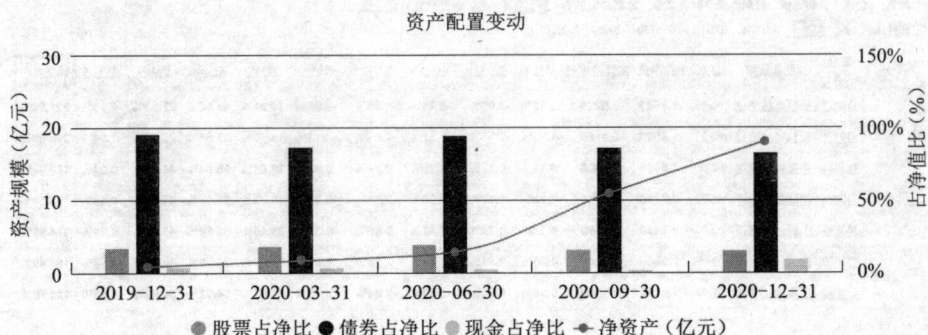

资产配置变动

图 10-8　资产配置变动

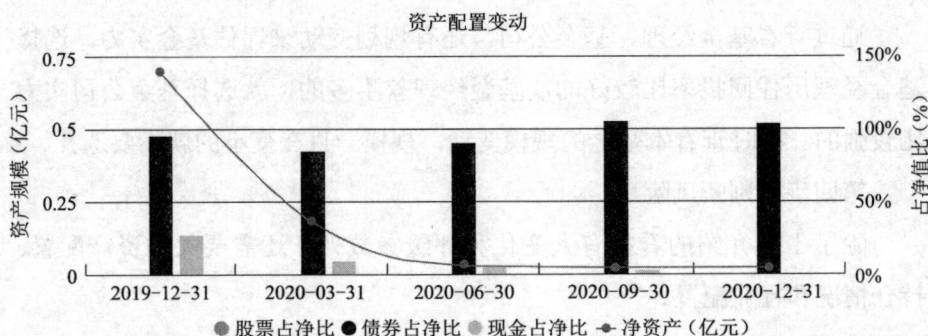

资产配置变动

图 10-9　资产配置无股票

再来看下这只基金，资产配置中完全没有股票，只有债券和现金，所以它的风险就更低了，对应的收益也会低。

了解了资产配置，然后还需要了解债券的持仓情况，毕竟是债券基金，需要关注它的债券都买了哪些。单击"债券持仓"进入，可以看到持仓的具体明细。

由图10-10可以看到，上面这只基金购买的种类比较多，大部分是可转债，还有一些普通债券。下面这只基金，只买了5个，都是可转债，而且占比差不多，这个配置就过于单一，出现问题的概率会比较大，所以最好选择上面比较全面、多种类型的基金。

序号	债券代码	债券名称	占净值比例	持仓市值（万元）
1	113011	光大转债	5.48%	9,961.69
2	132018	G三峡EB1	3.95%	7,186.41
3	127005	长证转债	3.59%	6,521.26
4	128115	巨星转债	3.10%	5,637.66
5	113582	火炬转债	3.00%	5,455.88
6	113029	明阳转债	1.81%	3,295.09
7	113025	明泰转债	1.56%	2,844.10
8	113032	桐20转债	1.48%	2,682.39
9	128108	蓝帆转债	1.46%	2,646.43
10	128017	金禾转债	1.41%	2,570.55

序号	债券代码	债券名称	占净值比例	持仓市值（万元）
1	127005	长证转债	19.97%	43.00
2	113578	全筑转债	19.95%	42.97
3	113595	花王转债	19.93%	42.91
4	110051	中天转债	19.93%	42.93
5	113013	国君转债	19.81%	42.65

图 10-10　债券持仓明细

最后介绍行业配置，毕竟是可转债，想要转成股票后收益高一点，对应的行业就要好一些。单击"行业配置"进入即可看到行业明细，如图 10-11 所示。

序号	行业类别	行业变动详情	占净值比例	市值（万元）
1	制造业	变动详情	15.54%	28,244.13
2	信息传输、软件和信息技术服务业	变动详情	1.50%	2,724.02
3	金融业	变动详情	0.77%	1,397.17
4	交通运输、仓储和邮政业	变动详情	0.70%	1,279.88
5	采矿业	变动详情	0.44%	795.69
6	租赁和商务服务业	变动详情	0.24%	445.08
7	科学研究和技术服务业	变动详情	0.19%	353.17
8	水利、环境和公共设施管理业	变动详情	0.17%	314.40

序号	行业类别	行业变动详情	占净值比例	市值（万元）
1	采矿业	变动详情	4.98%	464.85
2	制造业	变动详情	4.64%	433.84

图 10-11　行业配置明细

由图 10-11 可以看到，上面这只基金，它的行业类型包括制造业，信息传输、软件和信息技术服务业，还有金融业，交通运输、仓储和邮政业、采矿业等。目前软件信息比较有发展，还有出口外贸比较好，制造业也会有发展，对应的收益也会好一些。

下面这只基金，只配置了采矿业和制造业，采矿业目前来看发展不太好，因为现在的政策是鼓励发展新能源，所以采矿业可能就不好发展，风险会高一些，收益会也会低一点，配置这一行业的就不建议选择。

第五步，判断盈利能力。盈利能力与上一节介绍的一样，先和同类型基金进行比较，选择一直保持在同类型之上的，没有超过同类型的，盈利能力也不会太好，不建议选择。

如图 10-12 所示，与沪深 300（也就是股市行情）进行比较，看看差距大不大。

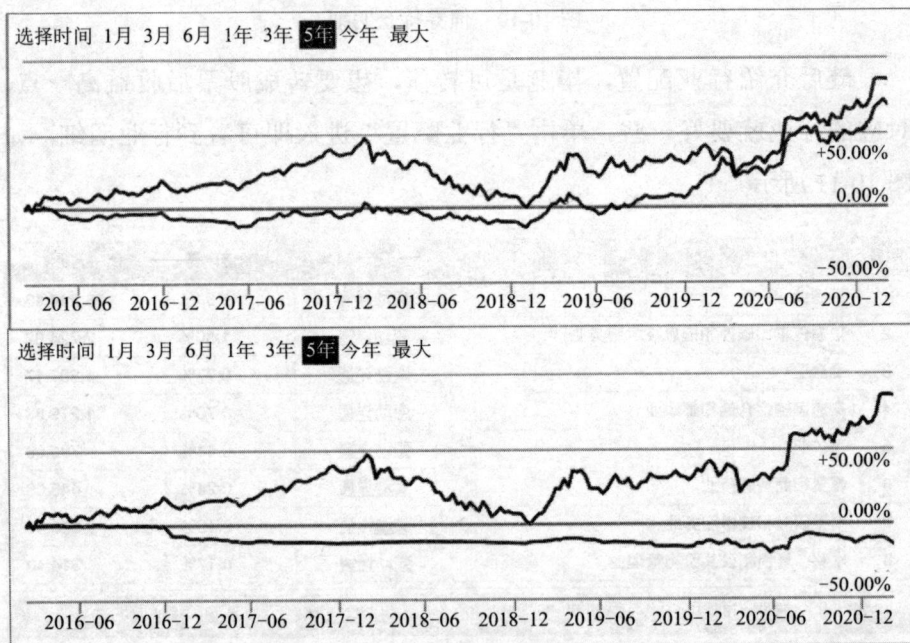

图 10-12　与沪深 300 比较

如果能跟上股市的变化，像上面这只基金，大体上与大盘变化一致，大盘涨它也涨，大盘跌它也跌，说明它大部分的可转债应该转成股票了，所以走势才会一样。下面这只基金远远跟不上股市变化，基本上保持一条直线，说明还是以债券形式持有，没有转成股票，虽然稳定，但收益却不怎么样。想要有好的收益，就要选择盈利好的，也就是能跟上股市行情的。

通过这五个步骤，就可以选择出一些比较好的可转债基金，同样还是选择1~2只基金即可，不需要选择太多。

10.4 买入卖出时机

选好了基金，接下来要判断什么时候买入，什么时候卖出。首先看它的走势图，选择的时间长一些，选择5年，如图10-13所示。

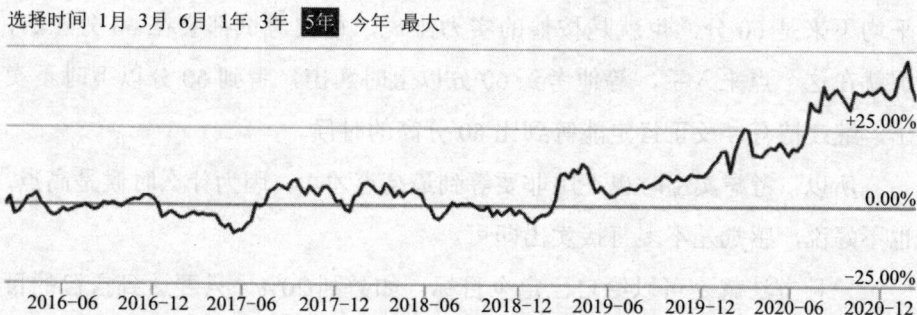

选择时间 1月 3月 6月 1年 3年 **5年** 今年 最大

图 10-13 整体走势

根据当前的走势来判断是否在历年的高点，在高点就不适合买入，不管后面是涨还是跌，现在买入成本都高，在低点时买入比较好。像图10-13中这只基金，当前日期是2020年12月就是在高点，不建议买入，这个时间点比较适合卖出；如果当前日期是2018年12月，处于低点就可以考虑买入。

买入时都希望在低点买入，可是什么时候是低点，这个不好判断，所以可以将历年的整体趋势取个平均值，把这只基金近5年来的最低点和最高点相加，再除以2平均，得出一个大概的平均线，不需要很准确，差不多在中间即可，如图10-14所示。自己按平均线画一条线，只要在平均线上下，就适合买入。

选择时间 1月 3月 6月 1年 3年 **5年** 今年 最大

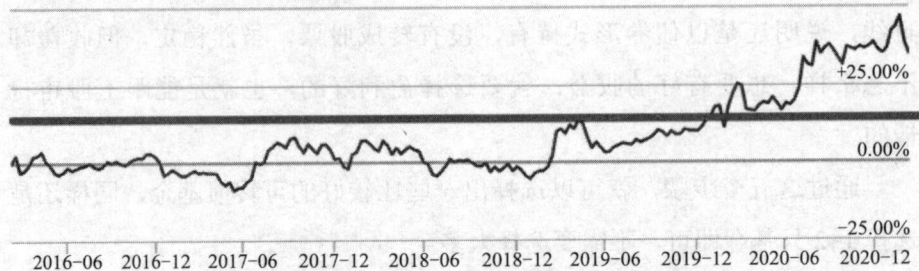

图 10-14　画出平均线

在图 10-14 中，算出最高点和最低的平均值，自己画一条线，只要当前在平均线附近，就可以直接买入，买了后等上涨了，再卖出。

这个并没有科学依据，只是根据自己多年来选择基金的经验得出。还是以考试为例进行说明，一个学生最高时能考 90 分，最低时能考 30 分，平均下来是 60 分，也就是按他的实力来说，每次考试都会在 60 分左右，那就在这个点来入手，等他考到 60 分以上时卖出，考到 60 分以下时不卖出，继续持有，反正肯定能等到比 60 分高的时候。

所以，考虑卖出时也不用非要等到最高点才卖，因为什么时候是高点，也不好说，感觉差不多直接卖出即可。

一种方法就是可以给自己定个目标，如盈利 20%，只要达到自己的目标就直接卖出，后面是涨是跌都不管了。

另一种方法是看走势，只要比前几天下跌了一些就卖出。可以关注它的阶段性涨幅。

由图 10-15 可以看到，上方这只基金，阶段性涨幅近 1 月、近 3 月、今年来涨幅比较不错，只是近 1 周有所下跌，这个时间段就比较适合买入，算是一个低点。买入后等近 1 周涨上来就可以考虑卖出。而下方这只基金，不管是近 1 周、近 3 月，还是今年来涨幅都是下跌的，这就不适合买入。如果早就买了，收益亏损了一些但还没亏本，同样可以考虑卖出，亏损一些总比全部亏损强。

	近1周	近1月	近3月	近6月	今年来	近1年	近2年	近3年
阶段涨幅	-1.97%	4.56%	13.73%	12.04%	4.56%	41.44%	80.53%	65.48%
同类平均	-0.28%	0.24%	1.19%	1.63%	0.24%	4.12%	10.06%	15.51%
沪深300	-0.22%	5.56%	16.53%	17.17%	5.56%	37.39%	69.40%	28.79%
同类排名	2525 | 2627	10 | 2620	11 | 2540	25 | 2413	10 | 2620	6 | 2080	5 | 1546	8 | 1166
四分位排名	不佳	优秀	优秀	优秀	优秀	优秀	优秀	优秀

	近1周	近1月	近3月	近6月	今年来	近1年	近2年	近3年
阶段涨幅	-2.69%	-5.80%	-4.00%	-7.18%	-5.80%	-0.96%	-3.14%	-2.67%
同类平均	-0.28%	0.24%	1.19%	1.63%	0.24%	4.12%	10.06%	15.51%
沪深300	-0.22%	5.56%	16.53%	17.17%	5.56%	37.39%	69.40%	28.79%
同类排名	2558 | 2627	2619 | 2620	2515 | 2540	2395 | 2413	2619 | 2620	2029 | 2080	1535 | 1546	1149 | 1166
四分位排名	不佳	不佳	不佳	不佳	不佳	不佳	不佳	不佳

图 10-15　阶段性涨幅

　　可转债因为有双重属性，所以风险会低一些，可作为资产配置考虑的一项，但不建议重点关注，建议重点关注相同风险的混合基金，下一章节介绍混合基金。

第 11 章　混合基金———半保本
一半保收益，风险平摊

　　混合基金，顾名思义，就是混合了多种投资方向，主要包含股票、债券和现金三种，如图 11-1 所示。

　　之前介绍的银行理财产品还有货币基金的投资方向主要是货币，也就是现金；而债券和债券基金的投资方向主要是债券，不管是国债还是企业债；后面要介绍的股票基金主要是对股票进行操作。混合基金是将这三种进行整合，并按一定比例来进行配置。

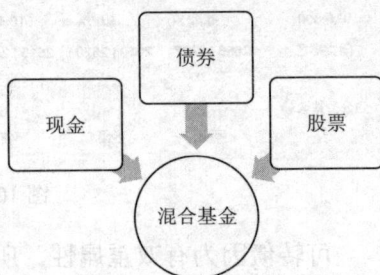

图 11-1　混合基金定义

　　在天天基金网上单击"基金排行"，在"开放基金排行"中即可找到"混合型"，这里就可以找到混合基金的列表，如图 11-2 所示。

				全部(7288)	股票型(1431)	混合型(3774)	债券型(1904)	指数型(1074)	QDII(179)		LOF(331)		FOF(153)		
比较	序号	基金代码	基金简称	日期	单位净值	累计净值	日增长率	近1周	近1月	近3月	近6月	近1年	近2年	近3年	今年来	成立来
☐	1	006401	东锋量化优选	02-03	1.5160	70.8554	-0.84%	-1.07%	8.22%	15.66%	13.19%	47.26%	---	---	8.22%	6985.54%
☐	2	000011	华夏大盘精选	02-03	20.5930	27.3970	-0.03%	0.67%	4.85%	15.10%	24.42%	74.66%	104.90%	68.01%	4.85%	4092.98%
☐	3	100020	富国天益价值	02-03	3.3062	6.8125	1.50%	2.77%	12.43%	31.30%	33.63%	129.52%	211.95%	165.34%	12.43%	2884.86%
☐	4	260104	景顺长城内需	02-03	14.9650	16.8410	-0.18%	1.58%	8.24%	26.09%	39.08%	129.71%	227.25%	189.98%	8.24%	2789.39%
☐	5	163402	兴全趋势投资	02-03	1.0574	11.4427	-1.27%	-1.30%	5.64%	15.26%	16.16%	63.44%	109.59%	77.06%	5.64%	2612.58%
☐	6	162605	景顺长城鼎益	02-03	3.5360	6.4770	0.00%	2.05%	7.53%	26.79%	40.00%	134.88%	219.67%	181.49%	7.53%	2548.40%
☐	7	519008	汇添富优势精	02-03	4.9683	9.5895	0.38%	0.65%	16.98%	24.12%	25.32%	99.32%	138.33%	88.57%	16.98%	2235.65%
☐	8	161005	富国天惠成长	02-03	3.8870	6.7850	-0.29%	0.90%	7.31%	14.57%	15.62%	80.50%	157.87%	102.60%	7.31%	2211.57%
☐	9	100022	富国天瑞强势	02-03	1.2262	6.1204	0.76%	0.89%	11.40%	25.43%	26.06%	108.34%	191.32%	109.60%	11.40%	2127.23%

图 11-2　混合基金列表

11.1　混合基金的分类

　　根据股票和债券的占比不同，混合基金分为以下四类：偏股型、偏债券型、平衡型和灵活配置型，如图 11-3 所示。

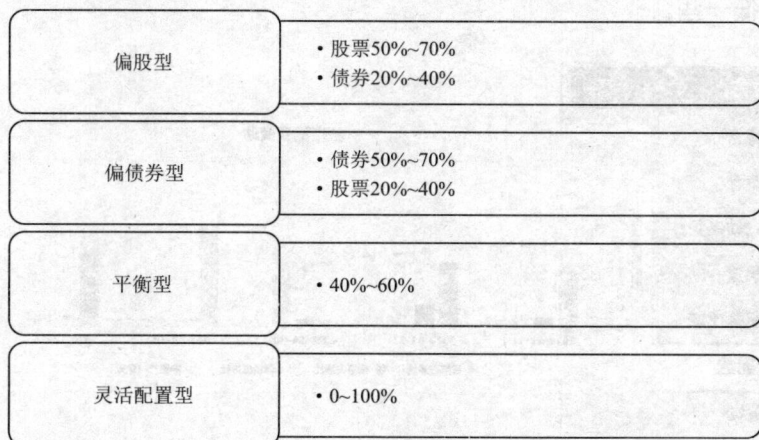

偏股型	· 股票50%~70% · 债券20%~40%
偏债券型	· 债券50%~70% · 股票20%~40%
平衡型	· 40%~60%
灵活配置型	· 0~100%

图 11-3　混合基金分类

第一类是偏股型，股票占比在 50%~70%，债券占比在 20%~40%，因为股票占比高，所以对应的风险也会高一些。

第二类是偏债券型，正好反过来，债券占比在 50%~70%，股票占比在 20%~40%，这样对应的风险就低了。

第三类属于平衡型，股票和债券两者占比平均，均在 40%~60%，不能一人一半，但最多也是多出 10%，这就属于中等风险。

第四类是灵活配置型，股票和债券比例没有严格固定，可在 0~100% 根据情况随时调整。甚至股票占比可达到 100%，债券完全是 0，这就相当于纯股票基金。这类风险要根据当前占比情况来确定，股票占比多就高，债券占比高就低。

目前来看，大部分混合基金都属于第 4 类灵活配置型。只查看基金名字是看不出占比情况的，所以在选择混合基金时，需要查看具体资产配置情况才能决定风险情况。

在"投资组合"的"资产配置"中，可以看到股票、债券和现金三者的占比情况，如图 11-4 所示。

像这只基金，股票、债券和现金一开始按比例分别配置，但后续只配置了股票和现金，完全没有配置债券，股票占比还很高，这就相当于是一只股票基金，所以风险较高，但是还保持了一定的现金，比纯股票基金的风险要低一些。

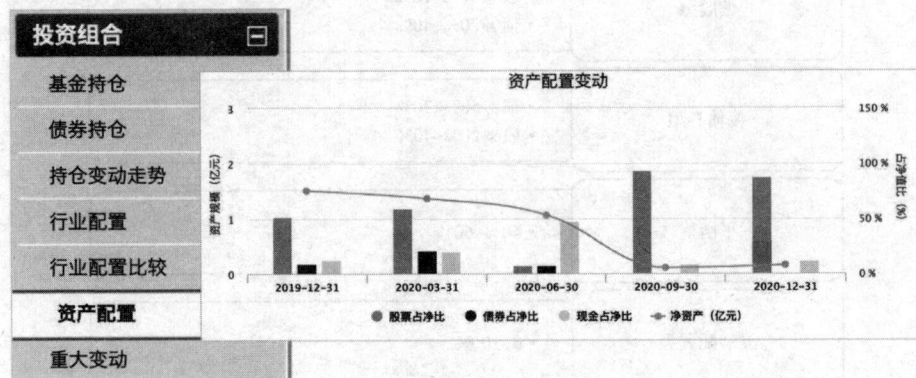

图 11-4　查看资产配置

在选择混合基金前一定要查看资产配置情况，根据自己的风险接受度，看你是能接受偏股型的，还是想要债券多一些的，或者是相对平衡型的，找到对应的基金来选择。

当然，选择混合基金不能只通过查看资产配置进行，还需要查看其他的，具体选择步骤如下。

11.2　混合基金的选择步骤

详细选择步骤，还是五个步骤，前面三个步骤和之前介绍的差不多，主要区别在第四步判断风险和第五步判断盈利能力上。

前三个步骤还是先通过排行榜来筛选，然后看基金的基本概况，通过成立日期、基金规模等继续筛选，再通过基金经理、基金公司及规模变动来判断基金的实力。这三个步骤完全一样，不再赘述。

主要介绍第四步判断风险。判断风险除了通过查看资产配置来判断是属于偏股型还是偏债券型外，还需要分别看下具体的股票和债券。

在"基金持仓"中查看股票，单击进去即可看到具体购买的股票详情，如图 11-5 所示。

序号	股票代码	股票名称	最新价	涨跌幅	相关资讯	占净值比例	持股数（万股）	持仓市值（万元）
1	600809	山西汾酒	392.16	-2.94%	变动详情 股吧 行情	8.22%	234.51	88,009.37
2	600519	贵州茅台	2307.39	5.36%	变动详情 股吧 行情	7.41%	39.73	79,378.74
3	000858	五粮液	314.65	1.91%	变动详情 股吧 行情	7.31%	268.22	78,278.64
4	601888	中国中免	326.00	-4.39%	变动详情 股吧 行情	6.42%	243.63	68,813.60
5	300760	迈瑞医疗	461.12	0.16%	变动详情 股吧 行情	5.52%	138.76	59,110.48
6	600031	三一重工	42.22	-2.81%	变动详情 股吧 行情	5.49%	1,682.50	58,853.86
7	600438	通威股份	45.22	-2.37%	变动详情 股吧 行情	5.46%	1,522.28	58,516.32
8	688111	金山办公	417.78	-6.43%	变动详情 股吧 行情	4.70%	126.82	50,306.43
9	002271	东方雨虹	53.03	3.61%	变动详情 股吧 行情	3.84%	1,059.51	41,109.13
10	000661	长春高新	478.56	-2.16%	变动详情 股吧 行情	3.81%	91.79	40,845.31

图 11-5　股票详情

由图 11-5 可以看到，这只基金购买的股票前三位是酒类，偏消费类。而且其中只有四只是上涨的，其他全部是下跌状态。不能说现在下跌将来就不涨了，只能说明当前是有一定风险的。在选择混合基金时，最好选择股票下跌比较少的，这样至少风险不高。

如果全是上涨中，肯定是比较好的，但不适合马上入手，可以作为备选，多观察。因为全是上涨，现在入手就是在高位买入了，短期操作还可以考虑，要长期操作还是建议再等等，等有下跌的情况出现再来买入。

现在有下跌的，但占整体数量并不多，在 1/3 内，其他全是上涨中，可以现在入手，有些下跌并不影响整体。

在"债券持仓"中可以看到具体购买了哪些债券，如图 11-6 所示。

序号	债券代码	债券名称	占净值比例	持仓市值（万元）
1	180208	18国开08	0.94%	10,049.00
2	180203	18国开03	0.84%	9,037.80
3	160206	16国开06	0.56%	6,005.40
4	200406	20农发06	0.47%	4,988.00
5	200308	20进出08	0.19%	1,997.00

序号	债券代码	债券名称	占净值比例	持仓市值（万元）
1	113038	隆20转债	0.13%	2,064.52

图 11-6　债券详情

由图 11-6 可以看到，上面这只基金购买的债券有 3 只是普通国债，2

只是金融债，对应的风险是低的，大部分混合基金都会选择这一类的来减少风险。下面这只基金购买的债券只有 1 只，而且还是可转债，这就有一定风险了。

选择混合基金，主要目的是想有一半能保本，另一半去争取高收益，现在债券部分都无法保本，还不如直接购买股票基金呢。所以建议在选择混合基金时，债券部分最好是国债，金融类占的多一些。

通过查看股票无法预测后续是涨还是跌，这里可通过查看投资所在行业进行预测，自己看好的行业，即可选择。

如图 11-7 所示，上面这只基金所投资的行业主要是制造业，占 68.20%，其他的是采矿业，文化、体育、娱乐业、卫生和社会工作等。而下面这只基金只有两类，金融业和房地产业，金融业占 82.21% 以上。

序号	行业类别	行业变动详情	占净值比例	市值（万元）	行业市盈率
1	制造业	变动详情	68.20%	730,586.91	
2	租赁和商务服务业	变动详情	6.42%	68,813.60	
3	卫生和社会工作	变动详情	6.27%	67,191.49	
4	信息传输、软件和信息技术服务业	变动详情	6.11%	65,414.10	
5	文化、体育和娱乐业	变动详情	3.67%	39,267.96	
6	采矿业	变动详情	0.99%	10,607.69	
7	科学研究和技术服务业	变动详情	0.67%	7,165.20	
8	金融业	变动详情	0.02%	171.44	
9	水利、环境和公共设施管理业	变动详情	0.00%	6.30	
10	交通运输、仓储和邮政业	变动详情	0.00%	2.00	
11	批发和零售业	变动详情	0.00%	1.63	

序号	行业类别	行业变动详情	占净值比例	市值（万元）	行业市盈率
1	金融业	变动详情	82.21%	1,245.60	
2	房地产业	变动详情	5.22%	79.10	

图 11-7　行业详情

就当前情况来看，金融业并不太稳定，热钱比较多，所以不建议选择金融业。而房地产业目前也比较低迷，想要有所发展，还要过几年。所以下面这只基金就不建议选择。目前制造业是有所发展的，外贸类也在增加中，所以还是选择上面这只基金。

这里提醒一下，理财过程中要多多关注时事新闻，特别是买了股票的，也包括买了股票基金和指数基金，还有混合基金中偏股型的，都要关注，因为很多行业的发展，都是随着政策来变化的。

这是判断混合基金风险需要重点关注的，除此之外，之前介绍的通过持有人变化、评级变化同样也可以作为参考。尽量选择有内部持有的，没有内部持有的就选择机构持有比例相对高一些的，但不要选择持有比例超过 99% 的。评级变化也要选择多星的，越来越少的就不要选择了。

第五步，判断盈利能力。同样还是先和同类型的基金进行比较，选择在同类型上的。再来和沪深 300 指数进行比较，选择那些能跟股市行情走的，这样才可以低买高卖来获利。

如图 11-8 所示，图中上方这只基金的走势大体与沪深 300，也就是与股市行情一样。因为毕竟是混合基金，股票只是占一定比例，所以不能做到完全和股市一样。这类的就建议选择。下面这只基金到后面完全背离了股市行情，不建议选择。

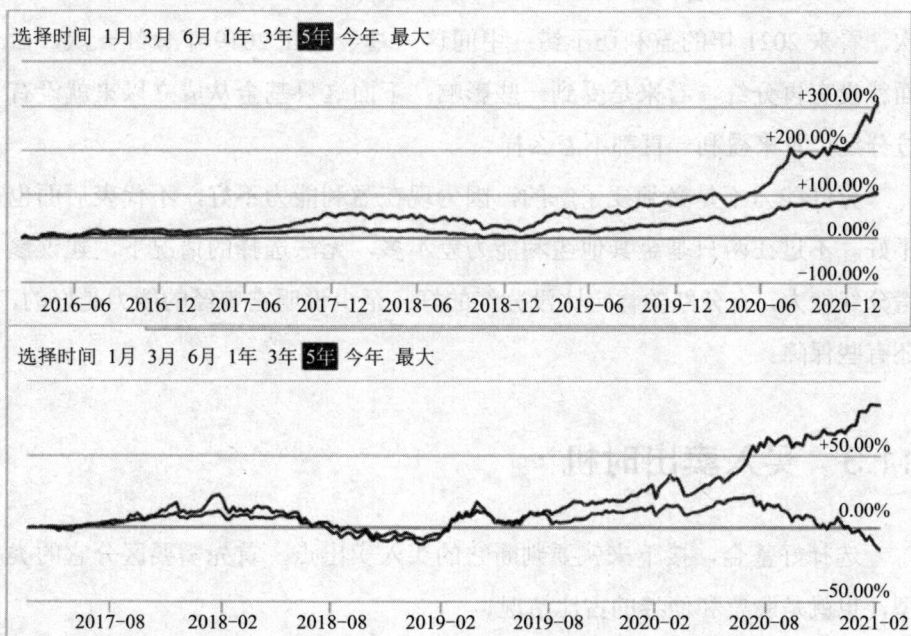

图 11-8　与沪深 300 比较

除了与同类型，和沪深 300 比较外，还有需要了解分红能力。分红是在盈利之后才会有的，所以有分红也能说明它的盈利能力是好的，在"分红送配详情"中可以查看到详情，如图11-9所示。

分红送配详情				按报告期
年份	权益登记日	除息日	每份分红	分红发放日
2021年	2021-01-18	2021-01-18	每份派现金0.0356元	2021-01-20
2018年	2018-06-19	2018-06-19	每份派现金0.0750元	2018-06-21

分红送配详情				按报告期
年份	权益登记日	除息日	每份分红	分红发放日
2019年	2019-06-26	2019-06-26	每份派现金0.4300元	2019-06-27

分红送配详情				按报告期
年份	权益登记日	除息日	每份分红	分红发放日
暂无分红信息!				

图 11-9　分红详情

由图11-9可看到，最上面这只基金分别在2018年和2021年分红两次，看来2021年的盈利还不错；中间这只基金只在2019年分红一次，后面就没有再分红，看来是受到一些影响；下面这只基金从成立以来就没有过分红，看来盈利一直都不怎么样。

分红能力不是必须要了解的，因为现在盈利能力不好，不代表后面也不好。不过在两只基金其他盈利能力差不多，无法选择的情况下，建议参考分红能力，有分红的肯定比没分红的好。至少说明它曾经的能力是好的，还有些保障。

11.3　买入卖出时机

选择好基金，接下来就要判断它的买入卖出点，首先需要区分它的类型，也就是股票和债券的占比情况。

如果当前是债券配置比较多，超过60%，相当于是债券基金，可以随时买入卖出。如果股票配置比较多，达到80%左右，债券和现金比较少，就相当于股票基金，需要查看它的整体走势，当前在高点肯定就不能买入，但可以卖出。

适合买入的点还是取个最高点和最低点的平均值，在平均线上下的适合买入。但如果看好这只混合基金中所投股票的行业发展，预测后续会有上涨，可以不在意是否在平均线附近，现在就可以直接买入。但是这就有一定的概率问题，和买股票一样，有可能预测准确，后续获利，也有可能预测错误，后续亏损。但混合基金至少还有一部分是低风险的，可以保证一部分资金安全，没有纯股票那么大的风险，所以在资金量充足的情况下，建议拿一只基金来冲击一下。

卖出时机也和上一章节介绍的一样。一种方法是达到自己设定的目标，如盈利 20%，就直接卖出赎回，后面是涨是跌都和自己无关了。另一种是业绩开始走下坡，比前几天的高点连续下跌中，也需要考虑卖出了。

除了这两个方法外，还有第三个方法，需要关注基金经理的变动，在出现变动的情况下需要考虑要不要卖出。因为基金经理的能力直接决定了股票部分的盈利能力。本来是看好这位基金经理才买的这只基金，现在换人了，就需要重新来评估新的基金经理，如果觉得能力不行，就卖出。

◎ 基金经理变动一览				
起始期	截止期	基金经理	任职期间	任职回报
2016-09-29	至今	葛兰	4年又133天	311.94%

起始期	截止期	基金经理	任职期间	任职回报
2017-04-05	至今	罗世锋	3年又310天	239.53%
2014-11-25	2017-04-04	胡洋 罗世锋	2年又131天	48.64%
2014-11-18	2014-11-24	胡洋	6天	2.14%
2014-05-29	2014-11-17	胡志伟	172天	18.24%
2011-11-07	2014-05-28	胡志伟 薛珠	2年又203天	-11.81%
2010-04-01	2011-11-06	胡志伟	1年又219天	-6.96%
2009-06-09	2010-03-31	戴奇雷	295天	10.38%
2008-05-22	2009-06-08	戴奇雷 张学东	1年又17天	-20.24%
2007-04-19	2008-05-21	邹翔	1年又33天	10.09%

图 11-10　基金经理变动

　　如图 11-10 所示，上面这只基金从成立以来基金经理一直都是同一个人，而且任职回报率也比较高，所以建议选择；下面这只基金中间换了好几位，每换一次，就需要重新评估，通过查看这位经理所管理的其他基金的任职回报率进行评估，如果之前的任职回报率都不高，就要卖出了。

　　第四个方法是关注基金规模的变化，在变小的情况下也要考虑卖出赎回。前面在判断基金风险时提到，不要选择基金规模变小的，如果已经买了的基金规模在变小，就要考虑是否卖出赎回。因为前面介绍的债券基金，不管是纯债基金还是可转债基金，风险都不太高，这里的混合基金，股票占比高的情况下更需要关注这一点。

　　整体来说，混合基金比货币基金和债券基金的收益要高，因为大部分都包括一些股票，一部分可以保持收益稳定，另一部分可获得高收益，所以综合起来它属于中等风险。只买股票基金，怕亏本，只买货币和债券基金，又觉得收益低，那就可以选择混合基金，一半对一半，有一半可进攻获取高收益，退还有一半可以保存本金。建议在资产配置中至少要包括一只混合基金。

第12章 封闭式基金——不管外界如何变化，都不影响既定路线

还记得之前在查看债券基金时，其中有一个定期开放类型吗？这其实属于封闭式基金，如图 12-1 所示。

比较	序号	基金代码	基金简称	日期	单位净值	累计净值	日增长率	近1周	近1月	近3月	近6月	近1年	近2年	近3年	今年来	成立来
☐	1	000053	鹏华永诚一年	02-04	1.0134	1.6083	-0.05%	0.02%	0.05%	-0.14%	0.99%	1.79%	8.51%	20.18%	0.09%	61.64%
☐	2	000295	鹏华丰实定开	02-04	1.1330	1.4600	0.00%	0.09%	2.07%	2.35%	2.07%	5.12%	10.70%	17.02%	2.35%	53.57%
☐	3	519118	浦银安盛幸福	01-29	1.0140	1.4250	---	-0.20%	0.19%	0.48%	0.67%	1.56%	4.80%	10.87%	0.09%	50.09%
☐	4	000296	鹏华丰实定开	02-04	1.1050	1.4270	-0.09%	0.00%	1.94%	2.13%	1.75%	4.66%	9.71%	15.62%	2.13%	49.35%
☐	5	519119	浦银安盛幸福	01-29	1.0130	1.3940	---	-0.20%	0.19%	0.38%	0.48%	1.26%	4.00%	9.72%	0.09%	45.85%
☐	6	002552	华夏恒利定开	02-04	1.0387	1.1647	0.01%	0.18%	0.08%	1.10%	1.57%	1.87%	5.81%	13.56%	-0.06%	16.63%
☐	7	003573	中信建投稳裕	01-29	1.0515	1.1615	---	-0.28%	0.30%	0.79%	1.18%	2.48%	7.41%	14.91%	0.09%	16.58%
☐	8	005398	鹏扬淳优一年	02-04	1.0101	1.1501	-0.05%	-0.02%	0.00%	0.90%	1.30%	2.60%	6.11%	15.47%	0.00%	15.69%

图 12-1　封闭基金列表

简单来说，封闭式基金就是限定一段时间，在这段时间内不可以直接买入卖出，过了限定时间，开放后才可以。开放式基金没有限定时间，可以随时在任何平台买入卖出；封闭式基金在限定时间内买入卖出只能在证券交易市场进行，有点类似于股票的交易方式。过了封闭期，在开放期内才可以在任何平台进行买入卖出操作，如图 12-2 所示。

具体什么时候开放，什么时候封闭，可以通过查看基金概况得知，如图 12-3 所示。

由图 12-3 可以看到，这只基金明确标明开放申购时间是 1 月 22 日到 2 月 26 日，也就是在这段时间内可以像开放式基金一样在任何平台买入，而要赎回只在 2 月 10 日到 2 月 24 日内进行。其他时间就是封闭期，要操作只能到证券市场上进行。

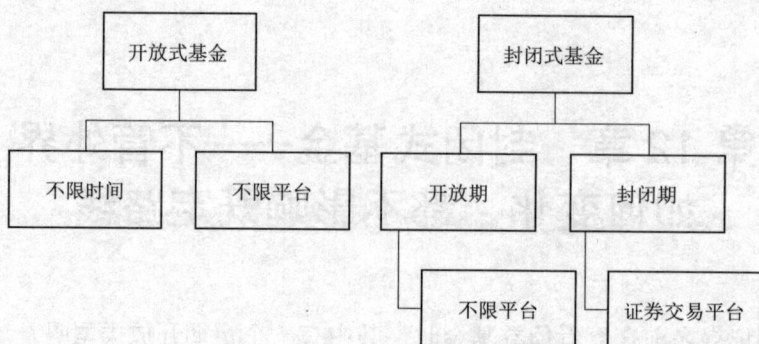

图 12-2　开放式与封闭式对比

图 12-3　开放期说明

12.1　封闭式基金的优势与劣势

因为有了封闭期，不能随时买入卖出，封闭式基金的规模相对稳定，而开放式基金可以随时买入卖出，所以规模是在不断变化的，买入的多规模就变大，卖出的多就变小。

开放式基金的规模只有一个最底线限额，没有最高限额；封闭式是在成立时就预定了一个最高总额，达到 80% 基金才能成立，没有达到就宣布失败。例如，一开始定的规模是 100 亿元，买入的总额最少要达到 80 亿元才算成立，最高不能超过 100 亿元。成立后，规模就固定了，在封闭期内规模是不变的。

正因为规模相对稳定，封闭式基金就有一定的优势。对基金经理来说，他在封闭期内没有赎回压力，开放基金每天都可能有人会卖出赎回，所以资金不能全部投入，必须保留一部分现金或者是低风险的，方便给这些人还本付息，如图12-4所示。就像银行一样，每天都可能有人来取款，所以每天都得准备一些现金。

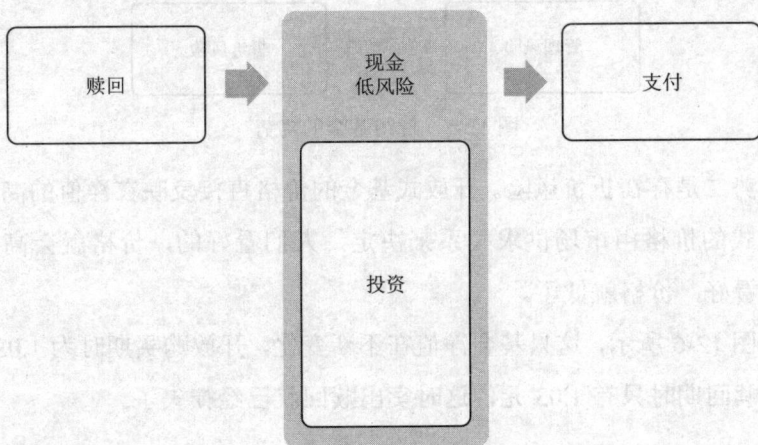

图12-4　开放基金的资金分配

而封闭式基金，在封闭期内不能进行卖出赎回的，只能在交易市场转给别人，对基金来说，整体上资金没有变化。例如你取出钱给了别人，别人又把钱存到同一家银行里，这家银行的总额并没有变。因为基金经理没有赎回压力，他可以拿出全部资金做投资，要买股票就全部用来买股票，所以对应的封闭基金收益就比开放基金高一些。

如图12-5所示。这是封闭式基金的优势，封闭式基金的劣势包括流动风险、折价风险和管理风险，劣势一是流动风险，即流动性差。因为封闭式基金不像开放式基金那样随时可以卖出赎回，就算到证券市场交易，也有可能没人买，卖不出去砸手里了。所以在购买封闭式基金前，一定要提前考虑到资金的使用情况，根据使用情况来决定选择封闭时间的长短。就像要存定期储蓄一样，提前想好要存多长时间，选择对应的定存期限，最好不要提前支取，这样可以减少利息的损失。

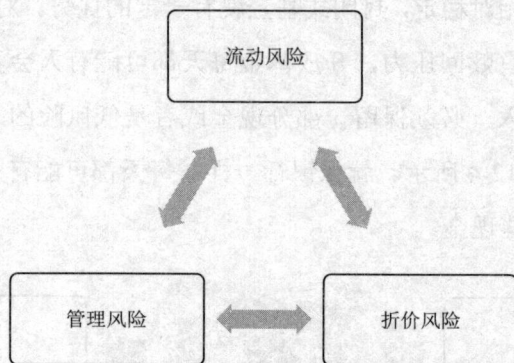

图 12-5　封闭基金的劣势

　　劣势二是存在折价风险。开放式基金的价格直接反映在净值的高低上，而封闭式的价格由市场供求关系来决定，人们看好的，价格就会高一些，人们不看好，价格就低了。

　　如图 12-6 所示，这只基金净值在不断变化，开放购买期时为 1.036 元，到开放赎回期时只有 1.03 元，这时卖出赎回就已经损失了。

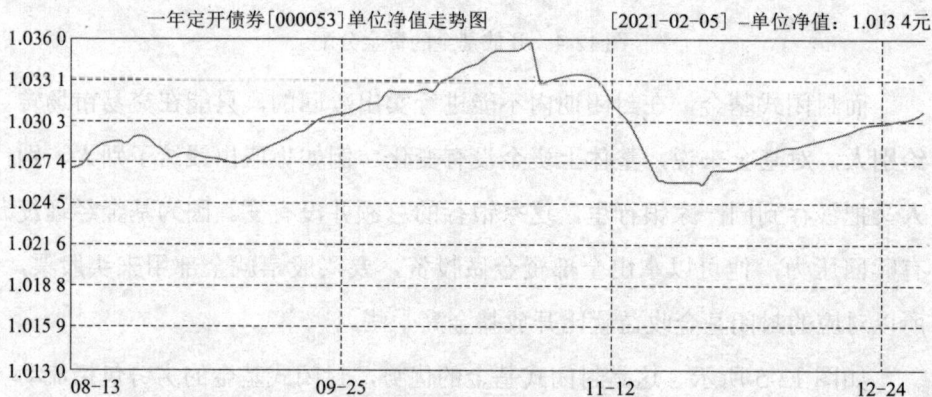

图 12-6　折价风险

　　劣势三是存在管理风险。因为封闭期信息不透明，不像开放式基金每天都能看到信息，发现风险就可以尽早卖出赎回；封闭式基金只能通过周报、季报、半年报及年报类的来获取信息，封闭期内不太好判断它到底是涨还是跌。基金经理能力有限，管理不好，就会带来一定风险，但等自己知道风险时已经晚了。所以在选择封闭式基金之前，一定先要详细明确投资策略、资产配置和持股比例等。

12.2 封闭式基金的选择步骤

选择封闭式基金的步骤和选择债券基金的方法差不多，也分为五个步骤，筛选基金、基金概况、基金实力、判断风险和盈利能力，如图 12-7 所示。

筛选基金 ➡ 基金概况 ➡ 基金实力 ➡ 判断风险 ➡ 盈利能力

图 12-7 封闭式基金选择步骤

第一步，筛选基金。

通过排行榜来筛选一定范围的基金。

第二步，查看基金概况。

通过查看基金概况继续筛选，除了看成立时间以外，要特别关注基金规模。之前介绍了规模太小的基金不要选，同时也不要选择太大的，规模中等的比较好。因为封闭式基金的规模是相对固定的，所以在选择之前要关注规模，最好选择中等的。

第三步，查看基金实力。

通过查看基金经理、基金公司来了解它的实力，这里规模变化就可以不关注了，因为封闭期内是固定的。基金经理同样选择历年回报率好的，还有不要变动太频繁的。之前类型的基金中基金公司的实力是作为一个参考，在选择封闭基金时要重点关注，一定要选择有实力的基金公司。基金公司规模大，抗风险能力也强，收益相对有保障。基金公司比较小，实力不强，就有清盘的风险。

第四步，判断风险。

通过持有人结构变化、评级及持仓详情进行。

第五步，判断盈利能力。

这里主要和同行比较即可，和沪深 300 比没多大意义，因为封闭期内看不到多大变化。同样还要关注分红能力，封闭期内如果基金还能持续有分红，说明盈利能力还是比较强的，方法和之前介绍的相同。

这里需要关注历史净值的变化。因为净值只能说它现在值多少钱，不能看出盈利能力。因为封闭式基金是要封闭的，通过净值的变化可以看出它的盈利能力是在逐步增强的，还是逐步变小的。如果每次结束封闭期后，净值都有增加，说明它的盈利能力还是比较强的。如果这次封闭期结束后净值变小了，说明盈利能力不太好。

如图 12-8 所示，这只基金在每次开放买入申购期就可以和之前开放期的净值进行比较，上次净值是 1.03 元，这次是 1.02 元，净值变小了，对应的盈利能力就需要重新考虑了。

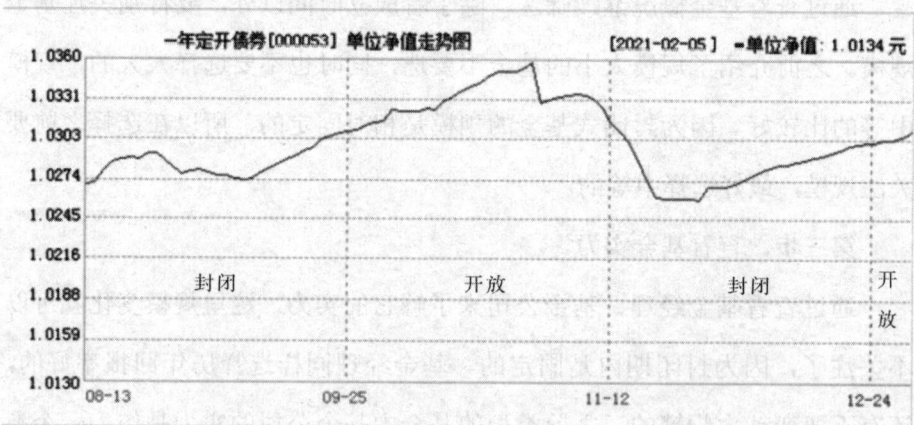

图 12-8　净值走势

12.3 封闭式基金的获利方式

封闭式基金因为买入和卖出不是随时都可以进行的，只能在每次开放期内进行，所以不好判断什么时候是买入和卖出时机，但也决定了它的获利方式。

买入时只能和之前的净值进行比较，比之前低就适合买入，但比之前高不能说就不适合买入。当前净值的高低只能是反映之前的，封闭后的走势不好预测，有的封闭式基金就是一直上涨的，每次开放购买时的净值都比之前高。目前只能通过上面五个步骤筛选出后，只要是自己看好的即可买入。

卖出时机较好判断一些，就是来看和之前的有没有差价。这次开放购买的价格比上一次高，就合适卖出。这是封闭式基金一种好的获利方式，通过赚取差价来获利。在第 1 次开放期时买入，进入封闭期，到第 2 次开放期，价格比第 1 次买入的价格高了，就直接卖出，从而赚取中间差价，如图 12-9 所示。

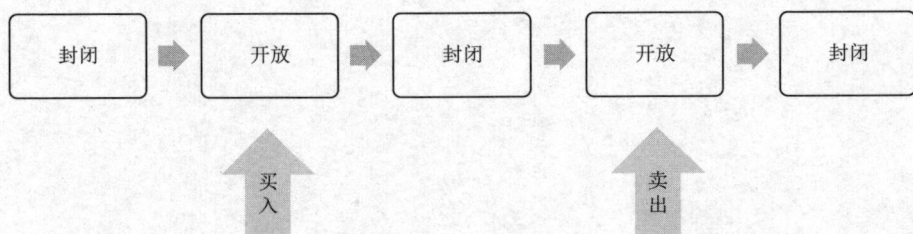

图 12-9 获利方式

当然，封闭期内也可以进行卖出，但作为低风险理财，还是不建议在证券市场进行操作，建议在开放期内，像开放式基金一样进行操作。

还有一种获利方式就是长期持有来赚取分红。选择一只分红比较好的基金，在开放期内买入，后续不管它是封闭还是再次开放，都一直持有，每次都可以获得分红，将分红再投资，从而形成复利。这种方法比较适合资金量大的。

　　这就是封闭式基金的一些选择和获利方式，因为有封闭期，所以风险相比股票和指数基金要低，也属于中等风险，就是流动性差。在资金充足，其他基金都配置好后，可以考虑选择一两只封闭式基金；资金量不多，建议就不要配置了。

第五部分

进取型，
收益与风险并存

第 13 章　指数基金——选中行业，跟着指数走下去

之前在介绍选择基金时建议和沪深 300 进行对比，在对比的过程中会发现一些基金和沪深 300 差不多重叠。如图 13-1 所示，这只基金走势完全和沪深 300 一致，这类基金大部分都属于指数基金，沪深 300 就是跟踪指数。

选择时间 **1月** 3月 6月 1年 3年 5年 今年 最大

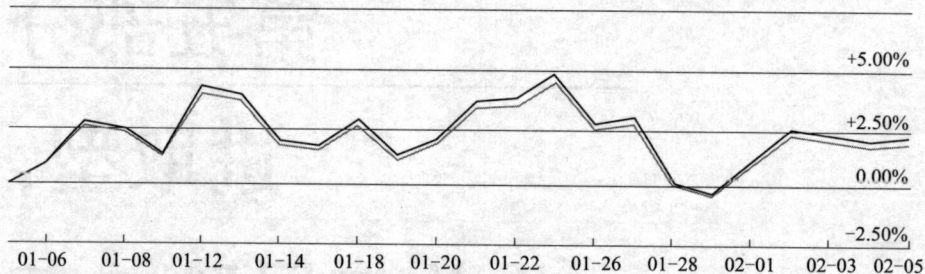

图 13-1　走势重叠

查看指数基金，在天天基金网上单击"基金排行"，在"开放基金排行"中找到"指数型"，这里是所有的指数基金，如图 13-2 所示。

| 全部(14108) | 股票型(2632) | 混合型(7896) | 债券型(3287) | 指数型(2073) | QDII(293) | LOF(355) | FOF(748) |

跟踪标的：**全部** 沪深指数 行业主题 大盘指数 中小盘指数 股票指数 债券指数
跟踪方式：**全部** 被动指数型 增强指数型

比较	序号	基金代码	基金简称	日期	单位净值	累计净值	日增长率	近1周	近1月	近3月	近6月	近1年率	近2年	近3年	今年来	成立来
☐	1	012768	华夏中证动漫	10-11	1.1619	1.1619	0.99%	-0.35%	-2.39%	-17.66%	-16.35%	60.57%	16.07%	---	41.30%	16.19%
☐	2	012769	华夏中证动漫	10-11	1.1547	1.1547	0.99%	-0.36%	-2.42%	-17.72%	-16.47%	60.11%	15.40%	---	40.97%	15.47%
☐	3	012728	国泰中证动漫	10-11	1.1709	1.1709	0.96%	-0.29%	-2.09%	-16.60%	-14.77%	59.83%	19.46%	---	41.21%	17.09%
☐	4	012729	国泰中证动漫	10-11	1.1629	1.1629	0.95%	-0.31%	-2.12%	-16.67%	-14.89%	59.35%	18.74%	---	40.87%	16.29%
☐	5	161628	融通中证云计	10-11	1.0973	0.8000	1.59%	2.09%	-1.08%	-13.60%	-15.75%	50.58%	-0.60%	-7.17%	24.57%	-18.65%
☐	6	164818	工银中证传媒	10-11	0.9452	0.2871	0.90%	-0.36%	-1.69%	-9.19%	-11.29%	50.10%	11.58%	-13.71%	29.57%	-72.57%

图 13-2　指数基金列表

由图 13-2 可以看到，跟踪标的分为六类，跟踪方式也分为两类，哪一

类比较好？如何选择？下面进行详细介绍。

13.1 指数的分类

在了解指数基金前，先了解一下指数。

要分析经济变化，不能把所有数据都统计出来再分析，因为这个统计量非常大，要花的时间也会很多。为了能够更加方便快速地得出结论，根据统计学，在所有样本中按概率统计的方法来选择一些参数，通过这些参数的变化就可以直接反映出经济变化。

现在说的股市行情变化，并不是把所有股票的走势都统计完后再得出结果的，是在所有股票中按一定的比例选取一些代表，这些代表的走势就反映了整个股市的走势。如常见的"上证指数"，全称是"上海证券综合指数"，其样本是在上海证券交易所全部上市的股票里，通过概率统计选择一些特定股票来反映上海证券交易所上市股票价格的变动，如图 13-3 所示。

图 13-3 指数定义

指数不是随便就能发布的，只有正规机构才能发布，现有指数发布的机构主要有以下三个。

一是中证指数公司，这家机构会发布上证交易所和深圳交易所两家的数据。沪深300是整个大盘股市走势的指数；中证500，主要代表中小市值股票股市的走势，范围比沪深300小一些。

二是上交所指数发布机构，发布的主要是上证交易所内的指数。例如上证50，这是一个超级大盘走势的指数。

三是深圳证券交易所下属的深圳证券信息有限公司发布的，如深圳100之类的，只代表深圳交易所的走势。

目前指数基本上可分为三类，股票指数、债券指数和其他指数，如图13-4所示。

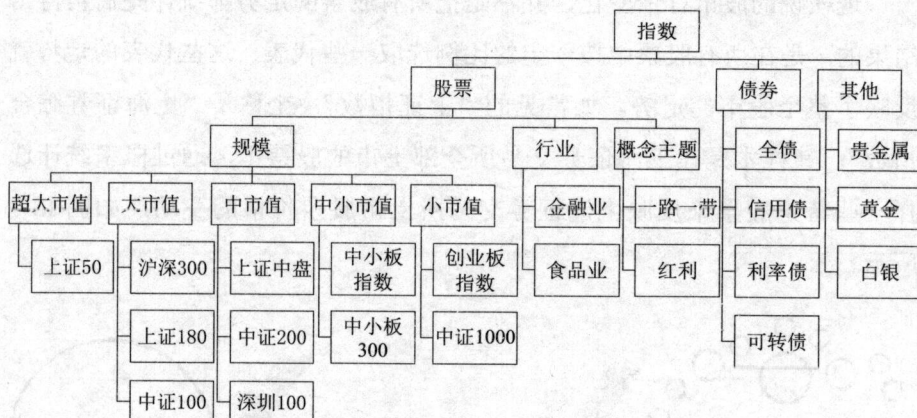

图13-4　指数分类

股票指数按照规模又分为超大市值、大市值、中市值、中小市值、小市值等几类。

超大市值有上证50；大市值有沪深300，上证180，中证100；中市值有上证中盘，中证200，深圳100；中小市值有中小板指数，中小板300，中证500；小市值有创业板指数，中证1000。

选择指数基金时，可以按规模的大小进行选择。跟踪标的中"沪深指数""大盘指数""中小盘指数"是按规模来分的，如图13-5所示。沪深指数对应的是超大市值，大盘对应的就是大市值，中小盘对应的就是中市值、中小市值和小市值。选择指数规模大的好还是小的好？并没有肯定答案，要根据跟踪范围来确定，想看创业板的，就选择小市值的；想看整个大盘的，就选择超大市值。

	全部(7305)	股票型(1433)	混合型(3788)	债券型(1907)	指数型(1074)	QDII(177)	LOF(331)	FOF(155)

跟踪标的：	全部	沪深指数	行业主题	大盘指数	中小盘指数	股票指数	债券指数
跟踪方式：	全部	被动指数型	增强指数型				

比较	序号	基金代码	基金简称	日期	单位净值	累计净值	日增长率	近1周	近1月	近3月	近6月	近1年	近2年	近3年	今年来	成立来
☐	1	180003	银华-道琼斯	02-05	1.9870	4.0255	-0.23%	4.72%	5.45%	26.22%	33.89%	82.94%	117.91%	73.33%	10.25%	860.75%
☐	2	110003	易方达上证5	02-05	2.7690	4.7190	1.18%	4.91%	5.59%	20.92%	27.35%	65.45%	112.56%	80.31%	8.47%	782.87%
☐	3	310318	申万菱信沪深	02-05	3.7965	4.5890	0.13%	2.39%	2.40%	12.86%	15.30%	54.51%	91.51%	50.46%	5.28%	644.46%
☐	4	161604	融通深证10	02-05	2.0500	3.6730	-0.24%	3.12%	1.59%	13.98%	18.86%	62.85%	124.11%	62.14%	7.32%	636.97%
☐	5	161607	融通巨潮10	02-05	1.5550	3.5300	0.65%	4.15%	5.70%	17.83%	28.09%	63.09%	100.38%	60.34%	8.53%	629.34%
☐	6	040002	华安中国A股	02-05	1.0270	4.9670	-0.29%	0.98%	-0.29%	8.22%	10.39%	44.30%	75.39%	34.24%	2.29%	609.18%
☐	7	200002	长城久泰沪深	02-05	2.6568	5.5168	0.24%	2.31%	3.73%	13.58%	17.85%	49.70%	83.01%	46.64%	6.12%	597.12%
☐	8	050002	博时沪深30	02-05	2.1066	4.1405	0.28%	3.08%	3.57%	13.48%	16.50%	46.02%	72.59%	34.67%	6.54%	593.48%

图 13-5 指数基金分类

按照不同行业，股票指数又可以分为金融业、食品业、消费业、医药业等。跟踪标的中有个"行业主题"，单击即可看到各种各样的行业。不清楚具体是什么行业的，可以单击进入详情中查看。在选择指数基金时，完全可以根据行业主题进行选择，去选择自己看好的行业。

股票指数还有一类是概念主题指数，比如一路一带、红利指数。这些在"行业主题"中也能找到。如图 13-6 所示的这两只基金，一只是红利指数，跟踪深证红利指数，还有一只是跟踪中证四川国企改革指数。

净值估算(21-02-05 15:00)	单位净值 (2021-02	净值估算(21-02-05 15:00)	单位净值 (2021-02-05)	累计净值
--	1.4224	--	1.8445 0.46%	2.4793
近1月: 2.21%	近3月: 13.52%	近1月: 2.16%	近3月: 14.75%	近6月: 25.50%
近1年: 62.97%	近3年: --	近1年: 55.93%	近3年: 57.58%	成立来: 179.52%
基金类型: 联接基金 | 高风险	基金规模: 0.10亿元	基金类型: 联接基金 | 高风险	基金规模: 22.66亿元 (2020-12-31)	基金经理: 赵栩
成 立 日: 2019-01-22	管 理 人: 华夏基	成 立 日: 2010-11-09	管 理 人: 工银瑞信基金	基金评级: 暂无评级
跟踪标的: 中证四川国企改革指数	跟踪误差: 0.20%	跟踪标的: 深证红利指数	跟踪误差: 0.11%	

图 13-6 概念主题指数

债券类指数又分为：全债，是一个综合性指数；有信用债、城投债等；利率债、国债、国开债等；还有可转债。其他的指数就包含一些如贵金属指数、黄金白银指数等。

天天基金网上的指数基金可以按股票指数和债券指数进行筛选。如果觉得股票指数风险高，可以选择债券类指数。

13.2　指数基金的风险

指数基金是通过跟踪某种指数来进行来资产配置的，可以购买整个指数的全部，也可以购买部分。跟踪沪深 300 指数的，沪深 300 里都包含了哪些股票，对应的基金就可以在这些股票里来选择购买，可以照着一个一个全部购买，也可以只选择其中一部分来购买，目的是达到与指数相同的收益。

购买指数基金比单纯的指数好一点，因为在资产配置过程中，除了购买相应的股票，还会保留一些现金，或者债券部分，这就会多一些保障，所以对应的风险也会小一些。如图 13-7 所示，这只基金配置在现金、债券和股票之间来回变动，股市环境不好就卖出多一些现金，等环境好了再多买一些股票。

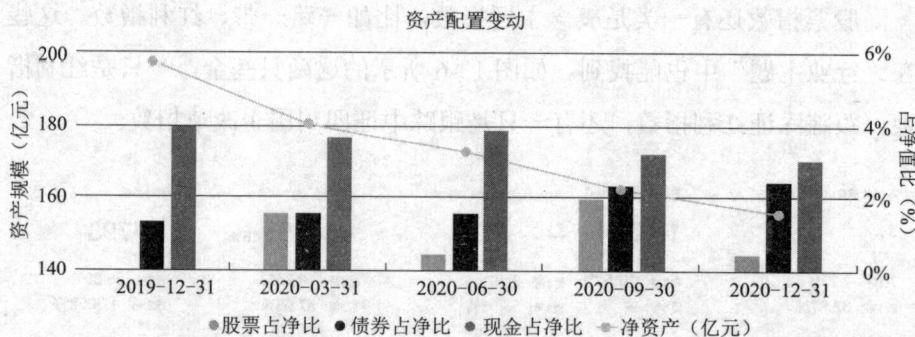

图 13-7　指数基金资产配置

什么时候买入卖出股票，需要根据跟踪方式来确定，而被动指数型和增强指数型的操作方式不同。

被动指数型完全根据指数的变动来变动，基金经理不需要加入自己的分析，指数怎么变，它就怎么变，指数卖出股票，指数基金也跟着卖出；而增强指数型和股票一样，为了追求高收益，基金经理会加入自己的判断，主动进行一些买入卖出操作。指数卖出股票了，基金经理反而觉得是入手的好时机，就会主动买入，不跟着指数基金来进行，这样就会出现和指数不同的走势。所以，增强指数型很大部分取决于基金经理能力，能力强，收益就高，能力差，收益就低。因此，增强指数型的风险就比被动型的高，想要风险低的就直接选择被动指数型。

如图13-8，上方这只增强型指数基金的前半段是完全和指数反着的，后期才跟上走势，到目前又开始反着来了，这说明基金经理进行了与指数相反的操作；下方这只被动型指数，不管什么时候都完全跟上了，基金经理完全跟随指数，没有进行自己的操作。

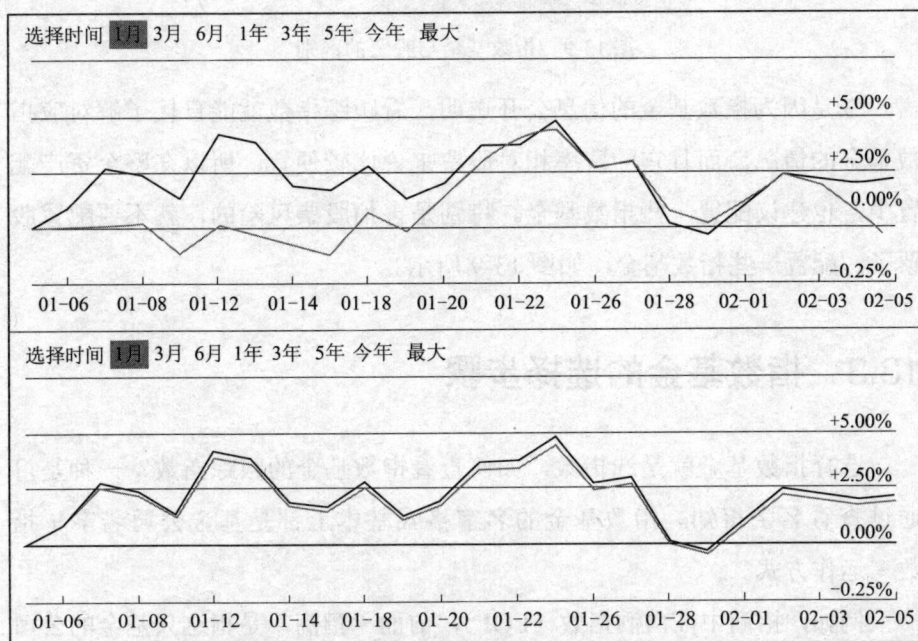

图 13-8　增强型指数与被动型指数走势对比

根据这些可以看出，和股票相比，指数基金的风险还在可控范围内。

一是因为指数基金能够分散风险，不是随意选择股票，选择股票时遵循一定的原则，除了购买相应的股票外，还会配置一些债券和现金，所以风险并没有单纯股票那么高。

二是因为指数有较长历史的数据可以追踪，单个股票的波动对它的影响并不大。特别是被动型指数还可以避免人为做出主观错误判断，比较有保证。

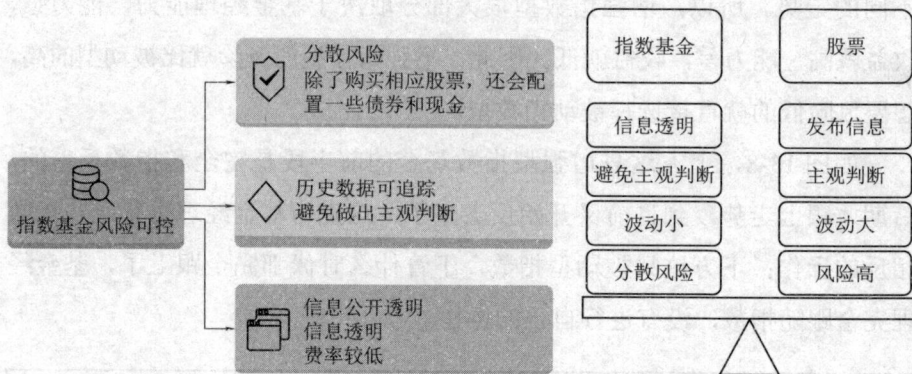

图 13-9　指数基金与股票的区别

三是因为指数基金的信息公开透明，看跟踪指数就能直接了解对应指数基金的情况。而且它的费率相对股票来说比较便宜，所以在整个资产配置中，也建议配置一些指数基金。特别是害怕股票风险的，就不要配置股票了，配置一些指数基金，如图 13-9 所示。

13.3　指数基金的选择步骤

选择指数基金就是选指数，如何查看指数基金的跟踪指数？一种是可通过查看名字得知。指数基金的名字格式基本上都是基金公司名字＋指数＋运作方式。

例如，招商中证白酒指数（LOF），前面"招商"是指这只基金的公司的名称招商基金，跟踪指数是"中证白酒"，后面的 LOF 是它的运作方式，如图 13-10 所示。

招商中证白酒指数(LOF)

图 13-10　指数基金名字

运作方式可分为开放式、交易开放式和联接型。开放式即普通基金，可以随时交易；交易开放式就像封闭式基金一样，封闭期内不能像普通基金一样随时交易，只能在证券市场进行交易，通常采用完全被动式的方式管理，常见的是 LOF 基金等；联接型就是将其绝大部分资金投资于跟踪指数，密切跟踪，追求跟踪偏离度和跟踪误差最小化，大多只能在证券市场进行交易。

另一种方式是可通过查看基金概况来明确。如图 13-11 所示，这只基金不只说明跟踪的指数，还明确了跟踪误差有多少，另外也说明类型属于联接型。

净值估算(21-02-05 15:00)	单位净值 (2021-02-05)	累计净值
--	**2.4571** 0.44%	**2.4571**
近1月: 7.89%	近3月: 25.53%	近6月: 25.16%
近1年: 101.60%	近3年: --	成立来: 145.71%

基金类型: 联接基金 | 高风险	基金规模: 3.01亿元 (2020-12-31)	基金经理: 荣膺
成 立 日: 2019-06-26	管理人: 华夏基金	基金评级: 暂无评级
跟踪标的: 创业板动量成长指数 | 跟踪误差: 0.13%		

图 13-11 指数基金概况

明确了跟踪的指数，接下来了解具体怎样选择指数基金。选择步骤还是按之前介绍的五个步骤进行（见图 13-12），但在不同的步骤上需要关注的重点不同。

第一步，筛选基金。

通过排行榜来筛选基金。筛选时可以根据想跟踪的指数按不同分类进行筛选。是沪深大盘，还是中盘或是债券等，实在不知道选择什么就按全部来进行。这里建议重点关注"行业主题"，选对指数，指数基金也就稳了。根据盘子的大小无法明确哪个好哪个坏，但通过行业还是可以明确的。

筛选基金	➡	基金概况	➡	基金实力	➡	判断风险	➡	盈利能力

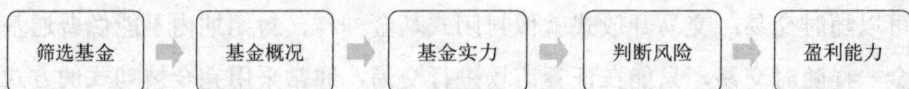

图 13-12　指数基金选择步骤

之前介绍过，关注一个行业是否有发展，还要看大的环境和政策法规等。这里选择行业也同样，政策法规扶持的行业发展一般都不错。

选择好了跟踪指数，然后选择跟踪方式。被动的风险相对低一些，和跟踪的指数差不多；增强型指数需要考验基金经理，风险会高一些。根据自己的风险接受度进行选择。

第二步，查看基金概况。

还是查看成立日期、规模等。成立日期越早越好，规模需要注意，和之前的有所不同。

被动型指数的规模尽量选择大的，越大越好，大能够减少风险冲击，完全可以大过之前说的 10 亿~50 亿元的中等规模。但增强型指数要选择规模小一点的，在 2 亿~10 亿元。因为增强型指数变动频繁，规模小一些，能够更直观地看到变动，适合短期操作。

第三步，查看基金实力。

跟踪方式选择被动型指数，基金经理的实力可以不关注，毕竟靠的不是基金经理的实力，而是靠指数的变动。但被动型指数需要关注基金公司的实力，选择公司实力比较大的，这样才有保障。

增强型指数就要好好了解基金经理的实力，看看他历年的回报率如何，还是选择回报率相对较好的，同样不要选择基金经理变动频繁的，最好长时间内是一个人的。基金公司也最好选择实力大的。

另外，规模变动不管是哪种跟踪方式，都不要选择越变越小的，最好选择稳定的。

第四步，判断风险。

一开始选择不同的跟踪指数和跟踪方式时，对应的风险就有所不同。债券的风险比股票低，被动型比增强型低。详细的还可以再看一下具体的资产配置情况，看看股票、债券和现金分别占多少。股票占比大，风险就高；债券占比大，风险就低。

另外，还要了解持有人结构的变化，选择内部和机构占得多一些的。还有评级参数，要选择星级高的，不要选择越来越低的。

第五步，判断盈利能力。

只需和同类型的基金进行比较即可，尽量选择一直保持在同类型上的。这里和沪深 300 比较意义就不大，因为选择的指数不同，变化也会不同。

13.4 买入卖出时机

看买入卖出时机首先要确定自己的投资目标，是想长期获利，还是想追求短期收益。追求短期收益，就和操作股票一样，在每次拐点时进行买入卖出操作，买了以后就需要和股票一样盯盘，时不时地来看看，上涨了就卖出，下跌了就买入，如图 13-13 所示。

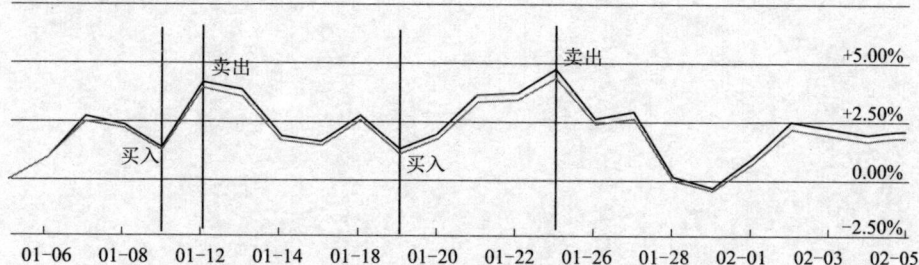

图 13-13 短期操作

追求长期获利的，建议选择有潜力的指数，如创业板指数；或者自己看好了一个行业，如新能源行业等，然后长期持有，等达到自己的目标后再卖出。如图 13-14 所示，这只基金是医疗行业的，前面表现不怎么样，但 2019～2020 年表现就比较好。

不管是短期操作还是长期操作，买了后，后续到底是上涨还是下跌，不太好判断，所以最好的方式还是个人通过定投方式进行购买，这样可以起到平摊成本、平摊风险的作用。

选择时间 1月 3月 6月 1年 3年 **5年** 今年 最大

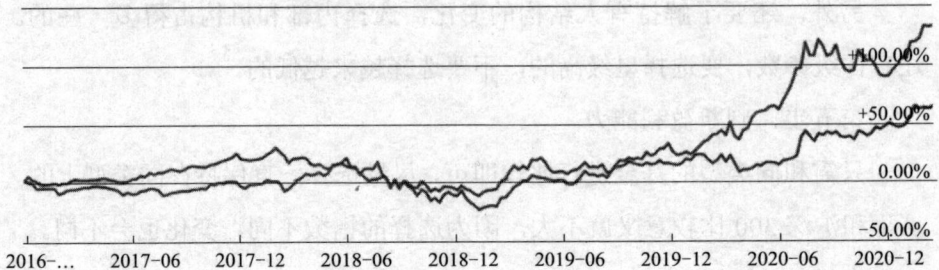

图 13-14　长期操作

这次有可能在高点买了，成本高，风险高；下次又在低点买了，成本低了，风险也低了，平均下来比一次性买入风险会低一些。而且基金定投也比较适合长期持有的，据统计，有超过 90% 的指数基金在长时间内都是盈利的，所以定投一只基金，到时候再根据自己的资金使用情况来决定是否卖出即可。

关于基金定投，后面将进行详细介绍，下一章将介绍股票基金。

第 14 章　股票基金——想要高收益，但又不想要太高风险的最佳选择

股票基金，顾名思义，就是投资方向大多是股票的基金。如图 14-1 所示的资产配置，一般有 80%~90% 的资产都投资于股票。

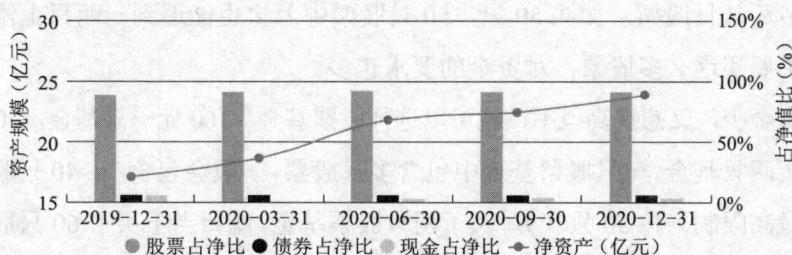

图 14-1　股票基金资产配置

前面介绍混合基金时提到，当偏股型和灵活配置型中股票占比超过 80% 时就可以说它是股票基金，特别是灵活配置型。上一章介绍的指数基金，严格来说也属于股票基金，因为也有 80% 左右资产配置是股票。所以，选择股票基金的方法完全可以按照选择混合基金和指数基金的方法进行。本章主要介绍在选择股票基金中需要注意的事项。

查看股票基金，在天天基金网上单击"基金排行"，在"开放基金排行"中找到"股票型"，这里就是所有的股票基金，如图 14-2 所示。

| 全部(14108) | 股票型 (2632) | 混合型 (7896) | 债券型 (3287) | 指数型 (2073) | QDII (293) | LOF (355) | FOF (748) |

比较	序号	基金代码	基金简称	日期	单位净值	累计净值	日增长率	近1周	近1月	近3月	近6月	近1年￥	近2年	近3年	今年来	成立来
☐	1	012768	华夏中证动漫	10-11	1.1619	1.1619	0.99%	-0.35%	-2.39%	-17.66%	-16.35%	60.57%	16.07%	---	41.30%	16.19%
☐	2	012769	华夏中证动漫	10-11	1.1547	1.1547	0.99%	-0.36%	-2.42%	-17.72%	-16.47%	60.11%	15.40%	---	40.97%	15.47%
☐	3	012728	国泰中证动漫	10-11	1.1709	1.1709	0.96%	-0.29%	-2.09%	-16.60%	-14.77%	59.83%	19.46%	---	41.21%	17.09%
☐	4	012729	国泰中证动漫	10-11	1.1629	1.1629	0.95%	-0.31%	-2.12%	-16.67%	-14.89%	59.35%	18.74%	---	40.87%	16.29%
☐	5	001167	金鹰科技创新	10-11	1.5479	1.5979	1.88%	3.97%	0.74%	-3.62%	-3.56%	54.88%	16.69%	66.83%	35.58%	59.99%
☐	6	161628	融通中证云计	10-11	1.0973	0.8000	1.59%	2.09%	-1.08%	-13.60%	-15.75%	50.58%	-0.60%	-7.17%	24.57%	-18.65%

图 14-2　股票基金列表

14.1　股票基金的风险

首先说明一下，股票基金的风险是所有开放式基金中最高的，但比单纯的股票低很多。

因为单纯的股票不能分散，有 200 元，每只股票股价为 100 元、200 元最多只能买两只股票。这两只股票中有一只上涨了才能有好的收益，当然最好是两只股票都上涨；一只股票或者两只股票都下跌，就会出现亏损。想要在那么多的股票中选择出两只上涨的股票，概率很低。要提高概率，可以多买几只股票，如买 50 只，50 只股票中怎么也能遇到一两只上涨吧，但如果要买这么多股票，对资金的要求也多。

资金少，又想提高概率，就可以选择股票基金。100 元一只基金，200 元可以买两只基金，一只股票基金中包含多只股票，一般会包含 30~40 只股票，没有最高限制。按 30 只计算，买了两只股票基金，就相当于买了 60 只股票。这 60 只股票中，怎么也能遇到一两只上涨吧。

正因为股票基金进行了分散投资，所以风险没有那么高，比单只股票风险低，如图 14-3 所示。

当然，进行分散投资了，对应的收益也不集中，收益也比股票少，但股票基金可以确保有收益。只选择两只股票，大概率是没有收益的，选择 60 只股票，有涨

图 14-3　股票基金分散投资

的，有跌的，还有保持不动的，平均下来有收益的概率大一些。

另外，股票基金中也不是全部都买股票，还会有部分资金用于购买债券和现金，如开头看的资产配置图，股票占比超过 90%，但仍然有 5% 的债券，2% 的现金。这又能增加一部分安全，降低了风险，所以比较适合低风险理财的选择。

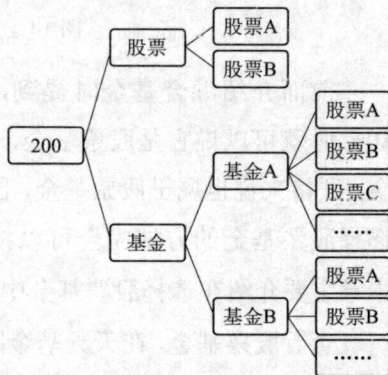

14.2　股票基金的选择步骤

选择股票基金的方法完全可以按照选择混合基金和指数基金的方法进行，分为五个步骤，这里来简单回顾一下，同时说明注意事项。

第一步，从排行榜中按成立以来从高到低排，筛选出前10位或前20位，有一个范围能减少一些选项。

第二步，查看基金概况。成立日期也是越早越好，规模上需要注意。上一章节介绍指数基金时提到，被动型指数的规模越大越好，增强型指数的规模就小一点，这里同样适用。如果选择的都是一般性股票，规模就越大越好；如果选择的是创业板之类激进的，规模就小一点，在2亿~10亿元比较适合。

股票类型，可通过查看基金名字得知。如图14-4所示，上方这只基金说明是A股，属于一般性的；下方这只基金是创业板的，就需要规模小一些。还有一些基金名字会写"精选"之类的，也是建议选择规模小一些的。不知道具体是哪一类的，可以在"基金持仓"中查看详细购买了哪些股票。

基金全称	华安MSCI中国A股指数增强型证券投资基金	基金简称	华安中国A股增强指数
基金代码	040002（前端）、041002（后端）	基金类型	股票指数
发行日期	2002年10月15日	成立日期/规模	2002年11月08日 / 30.940亿份
资产规模	27.41亿元（截止至：2020年12月31日）	份额规模	27.3031亿份（截止至：2020年12月31日）
基金全称	融通创业板指数增强型证券投资基金	基金简称	融通创业板指数A
基金代码	161613（前端）、161663（后端）	基金类型	股票指数
发行日期	2012年03月05日	成立日期/规模	2012年04月06日 / 4.873亿份
资产规模	6.28亿元（截止至：2020年12月31日）	份额规模	4.3889亿份（截止至：2020年12月31日）
基金全称	诺安研究精选股票型证券投资基金	基金简称	诺安研究精选股票
基金代码	320022（前端）	基金类型	股票型
发行日期	2012年11月05日	成立日期/规模	2012年12月10日 / 4.095亿份
资产规模	12.74亿元（截止至：2020年12月31日）	份额规模	5.6023亿份（截止至：2020年12月31日）

图 14-4　投资股票类型

第三步，查看基金实力。可以通过基金经理、基金公司和规模变动来查看。基金经理不要变动太频繁，选择历年回报率好的。基金公司要选择有实力的，规模一直变小的不要选择。

除了这些以外，重点要了解基金经理的投资风格，根据他之前的操作，了解基金经理的投资风格是保守，还是激进，选择一个和自己风格相近的。在股市环境不好的情况下，保守型的投资风格会多持有一些债券和现金，而激进的投资风格会继续加仓股票。这些变动在资产配置明细中可以查看到。

如图14-5所示，这只基金属于保守型，股票、债券和现金一直都有。2017年行情不太好时股票占比为94.32%，现金占比为6.05%；到2020年年底行情变好时，现金占比减少到3.89%，股票占比也少了，为93.61%，多了一些债券。这说明行情不好时加仓，同时保留一部分现金减少风险，等行情变好时减仓，通过债券来保持收益。

资产配置明细			
报告期	股票占净比	债券占净比	现金占净比
2020-12-31	93.61%	2.94%	3.89%
2020-09-30	93.73%	4.58%	4.08%
2020-06-30	94.26%	3.16%	2.54%
2020-03-31	94.34%	0.07%	5.57%
2019-12-31	94.38%	3.76%	2.40%
2019-09-30	94.49%	3.51%	2.13%
2019-06-30	94.50%	3.51%	2.71%
2019-03-31	93.07%	4.01%	2.39%
2018-12-31	93.45%	5.38%	1.71%
2018-09-30	94.35%	4.47%	6.92%
2018-06-30	93.15%	4.27%	1.44%
2018-03-31	90.49%	0.19%	8.18%
2017-12-31	91.79%	2.31%	5.14%
2017-09-30	94.14%	0.05%	5.42%
2017-06-30	94.32%	0.05%	6.05%
2017-03-31	94.56%	0.30%	5.13%

图14-5 保守型风格

如图14-6所示，这只债券只有两次有过，而且占比都很低，主要是股票和现金。在2017年行情不好时，股票占比为80%多，到2020年行情好了一些，股票占比为90%多，有点追涨的意图。

资产配置明细

报告期	股票占净比	债券占净比	现金占净比
2020-12-31	92.49%	---	9.32%
2020-09-30	84.72%	---	15.67%
2020-06-30	95.55%	---	6.40%
2020-03-31	80.40%	---	19.48%
2019-12-31	94.57%	---	7.37%
2019-09-30	83.49%	---	17.55%
2019-06-30	80.44%	---	17.32%
2019-03-31	81.98%	---	14.81%
2018-12-31	81.05%	---	25.54%
2018-09-30	87.97%	---	10.40%
2018-06-30	90.68%	---	14.44%
2018-03-31	89.04%	---	14.13%
2017-12-31	81.32%	0.06%	8.03%
2017-09-30	87.61%		7.51%
2017-06-30	82.19%		18.73%
2017-03-31	86.45%	0.43%	8.14%

图 14-6　激进型风格

如果对股票比较了解，还可以来看一下基金经理的"重大变动"，也就是每次买入卖出股票的具体操作明细，如图 14-7 所示。

华安中国A股增强指数 2020年2季度累计买入股票明细　　来源：天天基金　截止至：2020-06-30

序号	股票代码	股票名称	相关资讯	本期累计买入金额（万元）	占期初基金资产净值比例（%）
1	300059	东方财富	股吧 行情 档案	6,090.86	2.28%
2	300760	迈瑞医疗	股吧 行情 档案	5,439.38	2.03%
3	300003	乐普医疗	股吧 行情 档案	5,356.80	2.00%
4	002555	三七互娱	股吧 行情 档案	4,816.25	1.80%
5	002415	海康威视	股吧 行情 档案	4,464.12	1.67%
6	000725	京东方A	股吧 行情 档案	4,342.24	1.62%
7	300750	宁德时代	股吧 行情 档案	4,262.38	1.59%
8	002001	新和成	股吧 行情 档案	3,923.54	1.47%
9	603259	药明康德	股吧 行情 档案	3,790.10	1.42%
10	600406	国电南瑞	股吧 行情 档案	3,771.72	1.41%

图 14-7　买入股票明细

第四步，判断风险。除了持有人变化和评级参考外，还需要重点看下股票持仓情况，看看股票都买了哪些，如图 14-8 所示。

序号	股票代码	股票名称	最新价	涨跌幅	相关资讯	占净值比例	持股数（万股）	持仓市值（万元）
1	601318	中国平安	78.57	-1.44%	变动详情 股吧 行情	3.48%	109.59	9,532.43
2	600519	贵州茅台	2368.80	2.41%	变动详情 股吧 行情	3.06%	4.20	8,398.19
3	600887	伊利股份	45.72	3.56%	变动详情 股吧 行情	3.02%	186.59	8,278.78
4	600036	招商银行	55.26	0.95%	变动详情 股吧 行情	2.94%	183.33	8,057.35
5	601888	中国中免	357.99	3.18%	变动详情 股吧 行情	2.75%	26.73	7,549.04
6	600690	海尔智家	34.66	2.91%	变动详情 股吧 行情	2.09%	195.76	5,718.07
7	600009	上海机场	55.30	-5.28%	变动详情 股吧 行情	2.08%	75.21	5,690.68
8	002025	航天电器	54.33	-2.44%	变动详情 股吧 行情	1.84%	77.46	5,049.06
9	601012	隆基股份	112.20	-2.11%	变动详情 股吧 行情	1.83%	54.55	5,029.06
10	000725	京东方A	5.98	1.53%	变动详情 股吧 行情	1.67%	761.27	4,567.63

图 14-8　绩优股票

持仓股票是这种比较常见的绩优股票，历年来表现不错，风险一般不会太高。而持仓股票多是一些创业型的、快速成长类的，看名字都不知道是做什么的，这类的后续可能会有发展，会有高收益，但对应的风险也大，所以选择时需要注意。

如果对股票不了解，则根据行业进行选择，看一下它的行业配置，选择自己看好的行业，如图 14-9 所示。

序号	行业类别	行业变动详情	占净值比例	市值（万元）	行业市盈率
1	制造业	变动详情	68.20%	730,586.91	
2	租赁和商务服务业	变动详情	6.42%	68,813.60	
3	卫生和社会工作	变动详情	6.27%	67,191.49	
4	信息传输、软件和信息技术服务业	变动详情	6.11%	65,414.10	
5	文化、体育和娱乐业	变动详情	3.67%	39,267.96	
6	采矿业	变动详情	0.99%	10,607.69	
7	科学研究和技术服务业	变动详情	0.67%	7,165.20	
8	金融业	变动详情	0.02%	171.44	
9	水利、环境和公共设施管理业	变动详情	0.00%	6.30	
10	交通运输、仓储和邮政业	变动详情	0.00%	2.00	
11	批发和零售业	变动详情	0.00%	1.63	

图 14-9　行业配置

第五步，盈利能力。同样还是先和同类型的比较，选择大多数在同类型之上的；然后看和沪深 300 的比较，选择大体上能跟上的，不能跟上一直下滑的就不要选择；还有分红情况，有分红的比没有分红的要强一点。因为股票基金中债券占比一般都很少，所以债券持仓就不关注了。

14.3　买入卖出时机

首先，不建议一次性买入卖出股票基金，不要拿股票基金当股票频繁进行短期操作，有这精力还不如直接买股票呢。建议和指数基金一样，采用定投的方式买入。股票基金也比较适合基金定投，不仅能够平摊成本，还能平摊风险。具体如何定投下面进行详细介绍。

其次，在配置股票基金时，一种好的方式是通过行业进行主题投资。现阶段新能源环保类的、健康医疗类的、国防军工类的，都是比较好的发展方向，这类基金可以多买入一些。

理财投资，最好平时多关注相关新闻，了解政策法规，这样可以把握经济动向，按经济动向来选择对应行业。如国家政策支持一带一路，相关的行业就会上涨。能够接受比较高的风险，想冲击高收益，可以选择一些不成熟的新型行业进行。

在买入卖出时，要牢记这句话，"别人疯狂时我们谨慎，别人谨慎时我们疯狂"。当整个行情处于低点时，别人都是谨慎进入时，是买入的最佳时机；行情在缓慢上升中，保持继续持有，自己看好的行业，还可以继续加仓一些；但到了行情上涨得太快，很多人都开始疯狂进入股市时，不要贪心再等了，直接全部卖出，如图 14-10 所示。中间不好判断时，还是在达到自己的目标后，收益达到 20% 就直接卖出，后面是涨还是跌，都和自己无关了。

买入后要关注基金经理的变动。只要基金经理发生变动，就需要重新进行评估，历年回报不太好的，或者投资风格和自己不合的，就要卖出；买入后基金规模在不断变小，也要考虑卖出；还有政策法规发生变化后，会影响自己选择的行业，也要考虑卖出。

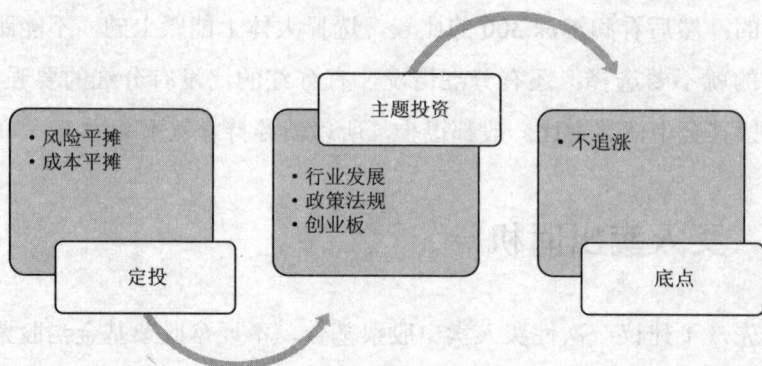

图 14-10 买入时机

还有一种情况是自己看好了一个行业，可是业绩一直都不怎么样，如图 14-11 所示，同类型的多多少少都有些涨幅，可自己选的这只不管是近 1 月，还是近 3 年一直都是下跌，就没涨过。

	近1周	近1月	近3月	近6月	今年来	近1年	近2年	近3年
阶段涨幅	-2.69%	-5.80%	-4.00%	-7.18%	-5.80%	-0.96%	-3.14%	-2.67%
同类平均	-0.28%	0.24%	1.19%	1.63%	0.24%	4.12%	10.06%	15.51%
沪深300	-0.22%	5.56%	16.53%	17.17%	5.56%	37.39%	69.40%	28.79%
同类排名	2558 | 2627	2619 | 2620	2515 | 2540	2395 | 2413	2619 | 2620	2029 | 2080	1535 | 1546	1149 | 1166
四分位排名	不佳	不佳	不佳	不佳	不佳	不佳	不佳	不佳

图 14-11 业绩不佳

拿手里好多长时间了，仍然看不到机会的，也建议能卖出就卖出，把本金能拿回来一部分就拿回来一部分，拿回来的本金重新选择一只基金，还有可能赚回来。不卖出只会被套牢。

最后再次提醒，不管是什么类型的基金，都不要频繁进行短期操作。短期操作太频繁，一方面是手续费比较多，如各种申购费、赎回费等；另一方面是基金收益也会受影响，刚赚点就卖出，然后又想买入，成本会增加。还是建议长期投资，可以每隔一段时间来看看，也可以完全不管，做个基金定投，持续 3~5 年，收益都会不错的。特别是股票基金和指数基金，更适合定投。

第六部分
资产配置，投资组合

第 15 章　基金定投——适合上班族的理财方式

前面介绍了不同类型的基金该如何选择，还有购买时机，根据这些方法，选好了基金，就可以直接去购买。其中，指数基金和股票基金这类高风险的建议采用基金定投的方式进行，不建议短期内频繁买入卖出，如图 15-1 所示。

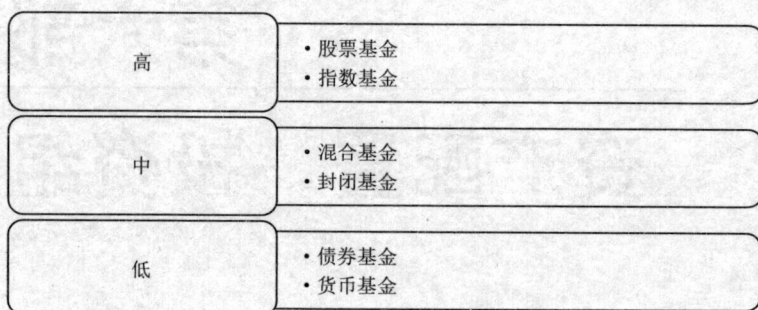

高	· 股票基金 · 指数基金
中	· 混合基金 · 封闭基金
低	· 债券基金 · 货币基金

图 15-1　基金风险

另外还有一种情况是，很多人是月光族，攒不下多少本金，所以不能一次性买太多基金，在本金少的情况下，也可以通过定投的方式来购买，同时还能起到强制储蓄的效果。

定投后不需要花太多时间和精力，大多可以完全不管，不需要像股票一样每天要花时间盯盘，手动进行买入卖出操作等，所以比较适合上班族。

具体什么是基金定投，如何操作，操作过程需要注意什么？下面将进行详细介绍。

15.1　基金定投

基金定投简单说就是在固定的日期，用固定的金额来购买同一只基金。

选择好一只基金，设定好日期是每个月的 15 日，购买金额是每次 500 元，之后每个月 15 日就会自动从绑定的账户上扣 500 元去买选择的基金，如图 15-2 所示。

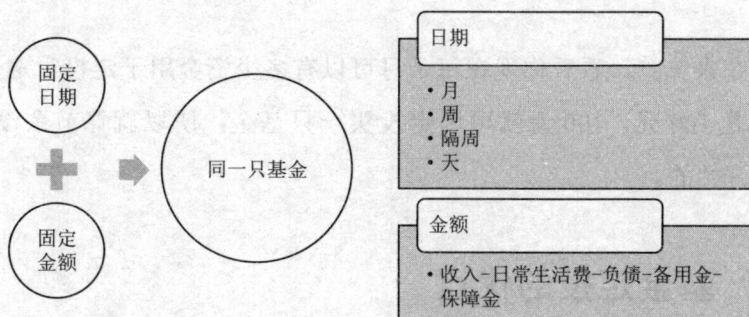

图 15-2　基金定投定义

日期可以选择按月、按周、按两周和按日等。按月就是每月几号来购买；每周就是每周的周几来购买；每两周是隔一周一买，也是定好周几的；每日就是天天来买。

具体哪个好，在资金量不是很大的情况下，每月几百几千的，收益并没有多大区别。所以这里不必纠结，建议按自己的资金使用情况来选择即可。

每月都有资金进账，普通上班族，每月都固定一天发工资，就按月进行定投。将定投的日期设置成发工资的第二天，因为发工资当天具体什么时候到账不好确定，所以就晚一天。每月 10 号发工资，定投时间就设置成每月 11 号，一发了工资，直接就先扣款去买基金。如果是做生意，每周或者每天结算一次，那就可以选择按周或按天进行定投。

定投金额也是根据自己的情况来选择即可，所有收入在扣除日常生活费、负债、备用金和保障金后，看看还剩下多少，如果没有其他用处，就可以全部用于进行定投。

每月工资是 5 000 元，日常生活费是 1 000 元，每月还贷款 1 500 元，就只有 2 500 元了，再扣除要准备的备用金，每月准备 1 000 元，连续准备 6 个月，就只有 1 500 元了，再扣除每月买保险的一些费用，最终只有

1 000 元左右。这 1 000 元如果还有其他用处，如想攒钱换个手机，那么每月还要留下 500 元，也就只有 500 元可以用于定投。后期手机买了，没有其他想买的了，备用金也准备好了，节余的 2 000 元就可以全部用于定投。

现在来算算，看看你现在每个月可以有多少资金用于定投？定投的起投金额是 100 元，100 元就可以定投买一只基金，所以就算节余没多少，也可以开始的。

15.2　基金定投的优点

基金定投的最大优点就是能够平摊风险和成本。除了货币和债券基金的整体走势呈一条逐渐上升的直线外，其他类型的基金走势都是有高有低的。这也是为什么货币和债券基金可以随时买入卖出，而其他类型的基金需要判断买入和卖出时机。都想着在低点买入，高点卖出，可什么时候是低点，什么时候是高点，却不好判断。

如图 15-3 所示，一次性买入一只基金，后续继续上涨，超过买入时的点再卖出，肯定是挣了；后续下跌，跌得比买入时还低，肯定是亏了。如果分两次购买，在低点时买了一些，在高点时也买了一些，后续上涨到比高点还高，就都挣了；下跌到比低点还低，就是两笔都亏了；但很多情况下则是下跌到高点和低点中间，这样可以说是没挣也没亏，因为两次相加，低点那笔挣的钱弥补了高点那笔亏的，平均下来基本持平。所以，多次买入的风险相对于一次性买入的风险要低。基金定投正是把一次买入分成了多次买入。

这个月市场环境不好，基金净值为 1 元，500 元买了 500 份；下个月环境变好了，净值涨成了 2 元，500 元只能买 250 份，两个月平均下来每份净值为 1.33 元；下个月净值涨到 2.5 元，这时卖出，挣的收益是不是比在 2 元时一次性买入要多，如图 15-4 所示。所以多次买入，采用基金定投，成本也能起到平摊作用。

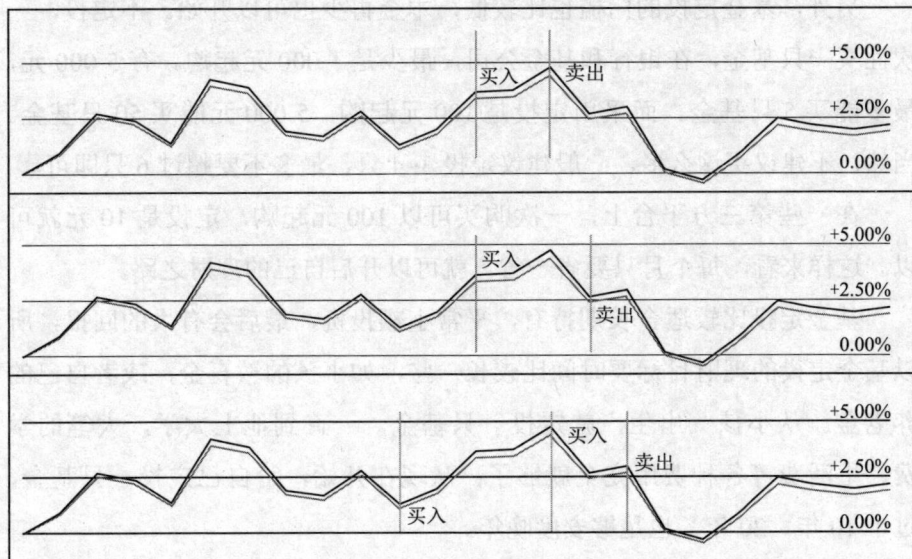

图 15-3 风险平摊

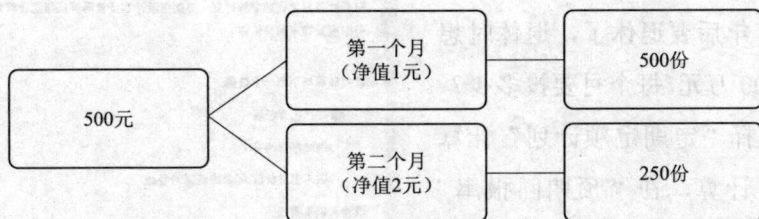

图 15-4 成本平摊

　　这里也可以看出，适合基金定投的是股票基金和指数基金，因为这两只基金的走势波动比较大。有波动，才能在高点或者低点来买入平摊成本和风险。如果波动幅度比较小，像货币基金和债券基金一样，基本上呈一条直线，就没有定投的必要了，因为什么时候买都差不多。所以，定投要优先选择股票和指数基金，混合的也可以，但作为备选。

　　除了平摊成本和风险外，基金定投还可以节省手续费。基金的各种手续费是比较多的，买入卖出都要收手续费，一般的申购费就达到 1.5%，还没开始有收益，就损失了 1.5% 的本金。采用基金定投，这些费用大部分都会有折扣，甚至有很多会免手续费，这样也能节省一笔成本。

另外，基金定投的门槛也比较低，本金再少也可以开始。不定投，一次性买一只基金，在银行和基金公司，最少是 1 000 元起购。有 5 000 元，最多能买 5 只基金。而采用定投是 100 元起购，5 000 元能买 50 只基金。当然，不建议买这么多，一般建议定投 3~4 只，最多不要超过 6 只即可。

在一些第三方平台上，一次购买可以 100 元起购，定投是 10 元就可以。这样来看，每个月只要省一省，就可以开启自己的理财之路。

基金定投比较适合长期持有，平常小额投资，最后会有大的回报，所以基金定投的理财目标要时间比较长一些，如小孩的教育金，或者自己的养老金。从小孩一出生，就定投一只基金，一直到他上大学，大笔的学费、生活费等各种费用完全就够了；从现在开始，给自己定投一只基金，过个 10 年、20 年，也足够安度晚年。

具体每月定投金额，可以采用前面介绍的计算方式来算一下。20 年后要退休了，退休时想拥有 200 万元，每个月要投多少？

选择"定期定额计划"计算器进行计算，在"预期回报率"中输入 10，"投资期限"中输入 20，"期末名义价值"中输入 2 000 000，计算结果为 2 633.77。也就是现在每个月拿出 2 633 元，选择一个收益率在 10% 左右的基金进行定投，持续 20 年就可以得到 200 万元，如图 15-5 所示。

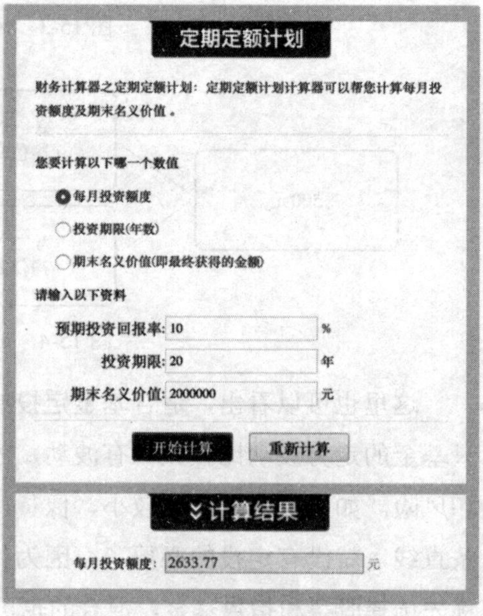

图 15-5　定投金额计算

这里要注意是计算复利的，也就是这 20 年内本金和收益都不能动，收益还要再投资。

15.3 基金定投的操作步骤

基金定投的操作也比较简单，在证券公司、基金公司、银行、天天基金网及支付宝等第三方平台上都可以操作。

下面以支付宝为例进行说明，选择好一只基金后单击进入，单击"定投"按钮，在打开的页面中设置好定投金额和日期即可，如图 15-6 所示。

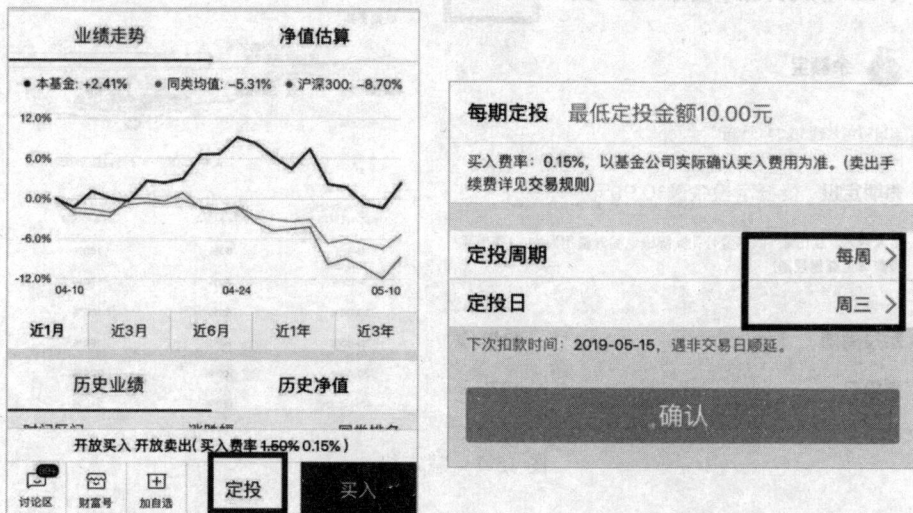

图 15-6 定投操作

金额根据自己的节余来输入，日期是之前建议的，选择在发工资的第二天。即使第二天没发工资也不用怕，它还会在后几天每天来查查账户上有没有钱，有就会继续扣，连续几天都没有，这次扣款就失败了，到下个月继续。如果连续三个月都扣款失败，基金定投也就失效了。想要继续定投，需要重新设置。为了持续投资，一定要结合现有的工作，还有后续工作的稳定性来决定，要量力而行，不要超过自己可以承受的范围。

有些平台还有一些智能定投方式，如支付宝的"慧定投"，如图 15-7 所示。

这类定投是定期不定额的。刚才介绍的基金定投是定期定额，也就是在固定的日期来扣固定的金额。而慧定投日期是固定的，但每次扣的金额不固定，并不是按自己设定的金额来扣，而是根据设定日期前一天的大盘指数来决定，指数上涨了就少扣，下跌了就多扣。具体扣款比例可以在各平台说明中查看。如支付宝上最高扣款的比例达到 200% 以上，也就是设定了每次扣 500 元，账户上最少要准备 1 000 元；最低的没有限制，每次总会买一些。

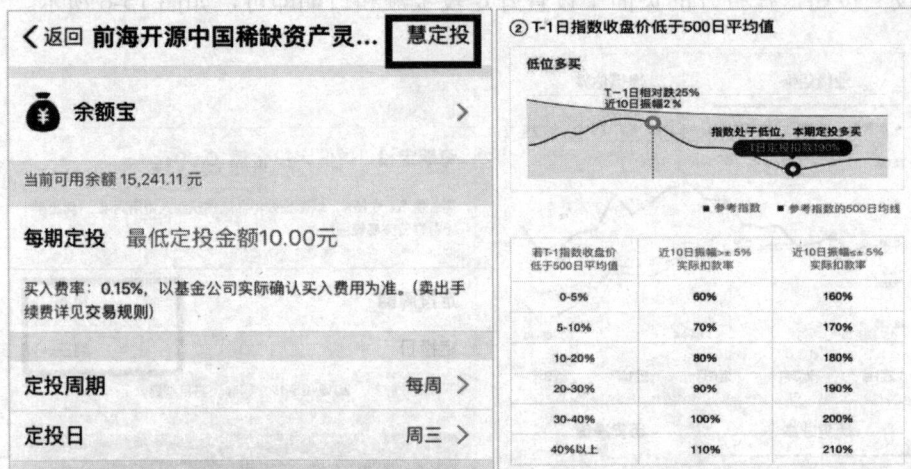

图 15-7　慧定投

这种方式有好有坏，后续基金一直上涨肯定是好的，但大多基金是有涨有跌的，从平摊成本上来说，不建议采用。另外要看本金，每月要保证有原有计划两倍的金额，出于强制储蓄的想法，也不建议采用。而且作为普通投资者，大部分定投的金额并不大，所以收益区别并不明显。

15.4　基金定投的误区

关于基金定投的误区如下：不再关注、追涨杀跌、停止定投和赎回，如图 15-8 所示。

第一个误区是基金定投以后就不再关注。从整体上来说，确实是定投后不需要太关注，但也不能完全不管，建议在市场环境有大的变化时，特别是市场环境变好的时候要关注一下。

在达到自己定的盈利目标，如盈利 20% 后，即可直接卖出，不管后面是涨还是跌，这个方法同样适用于基金定投。在定投的基金亏损时，可以不管，继续定投，特别是在计划定投比较长的情况下；但在定投的基金开始盈利后，整体市场环境开始变好，股市大涨时，就要重点关注。

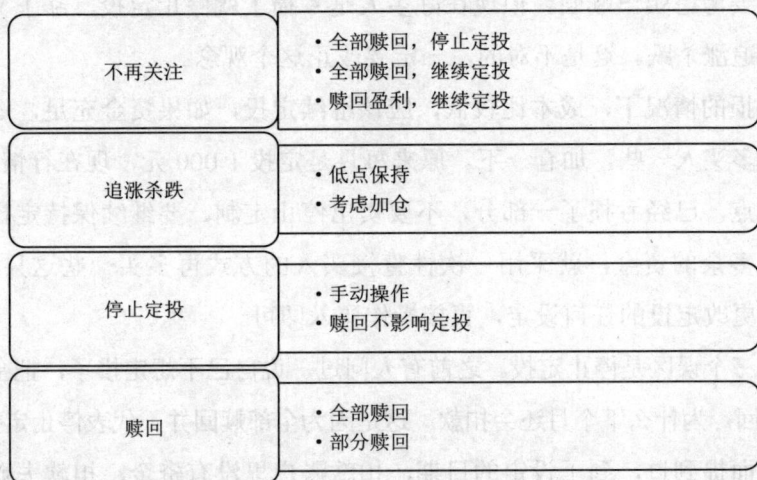

不再关注	• 全部赎回，停止定投 • 全部赎回，继续定投 • 赎回盈利，继续定投
追涨杀跌	• 低点保持 • 考虑加仓
停止定投	• 手动操作 • 赎回不影响定投
赎回	• 全部赎回 • 部分赎回

图 15-8　基金定投误区

第一种方法是全部赎回，定投也停止。这样可以保证收益的安全，也能减少在高点，成本高时买入。等下跌了一些，不在高点后再重新开始定投。赎回的资金就可以购买一些低风险的货币基金或债券基金，也可以放银行里。

第二种方法是全部赎回，但定投不停。这样就算后面下跌了，自己的损失也并不大，只是损失了这几个月的本金。赎回的资金操作方式和上面相同。

第三种方法是只赎回盈利部分，本金还是放在基金中，定投也不停，每月继续定投，这种方法可以保护赚的收益。定投了一年，每月本金为 1 000 元，现在基金中本金加收益一共是 15 000 元，只卖出赎回 3 000 元，保证这 3 000 元收益是拿到手的，剩下的 12 000 元本金还留在里面，后续还是继续每月定投 1 000 元。

这三种方法在股市行情大涨时要认真考虑。别人疯狂我们谨慎时就选择第一种方法；在开始上涨，还没有那么疯狂，而且已经达到自己的目标时，可以选择第二种方法；第三种方法适合风险接受度不高，赚了一些但总是担心后面没有的情况来选择。

第二个误区是追涨杀跌。刚才介绍了止盈不止损，亏损后继续定投，盈利了要考虑卖出赎回。但现在好多人是亏损了就停止定投，涨了又重新开始，追涨杀跌。这是不对的，一定要改正这个观念。

亏损的情况下，成本比较低，应该继续定投，如果资金充足，还可以考虑再多买入一些，加仓一下。原来每月是定投 1 000 元，现在行情不好，处于低点，已经亏损了一部分，不要卖出停止定制，要继续保持定投。手里还有多余的资金，就采用一次性直接买入的方式再多买一些这只基金。不需要更改定投的任何设定，直接操作买入即可。

第三个误区是停止定投。之前有人问过，说自己不想定投了，把全部资金都赎回，为什么下个月还会扣款。这是因为全部赎回并不代表停止定投。

前面提到过，到了设定的日期，扣款账户里没有资金，扣款失败，后面几天仍然会继续来扣，一直到这个月月末。这个月失败了，下个月有钱以后，还会继续扣的。只有连着三个月扣款都失败，定投才算真正失败，才会停止。如果扣款账户中一直有资金，定投就不会停。想要取消定投，只有手动操作不再定投才行。操作方法和开始定投一样，进入选择停止即可。

第四个误区是赎回。觉得定投了这么久，要赎回必须一次性全部赎回。这也是不对的，赎回可以一次全部赎回，也可以部分赎回，具体金额可以自己来选择。

接下来就开始基金定投。再强调一下，最好选择指数基金和股票基金来定投，选择 3~4 只，最多不要超过 6 只。还要注意选择低风险的，如指数基金，可以选择搭配一只被动型，一只增强型；股票基金要选择不同行业的，不要选择都是同一行业的。

笔者还是比较推荐基金定投，不管你会不会选择，不管你的资金有多少，只要坚持定投，结果都不会让你失望，根据一份调查报告，基金定投超过六成的投资者都有收益。

第 16 章　保险配置——不要 让收益一夜之间化为乌有

说到保险，你的第一感觉是什么？很多人第一感觉是不信任，很反感。因为经常看到投保后拒赔的报道，花了钱没达到效果。

出现这种情况的原因如下：一是因夸大宣传，给人的感觉是什么都赔，可实际上却是很多都不在保障范围内；二是因为不管你需不需要，某些业务员一直推销，一直被拒绝还一直推销。所以才让人反感和不信任。

还有一个感觉就是不需要，已经有社保，够用了。身边一位朋友之前也是这么认为的，她收入不错，也进行一些投资理财，收益也不错。一年前突然生了一场大病，花了很多钱，社保只报销一部分，另一部分把自己这几年辛苦攒的和理财赚来的收益也花得差不多了，一夜之间就要从头来。如果早早配置一些商业保险，至少还可以再报销一部分，多给自己留一些。

你永远不知道明天和意外哪个先来，在自己资金富裕的情况下，配置一些商业保险，能够给自己多一层保障。具体保险都有哪些，如何选择保险，如何避免购买保险时上当受骗，本章节来看一下。

16.1　保险的分类

首先了解一下保险的分类，保险按投保的内容主要分为财产险和人身险，如图 16-1 所示。

1.财产险

财产险包括固定资产，如房子，还有流动资产，就是投资的债券基金等。财产险比较常见的有车险、火灾险等，主要目的是用于保障财产安全。现在除了强制要求的以外，很少有人会主动配置这方面的保险，因为操作起来确实有点复杂。

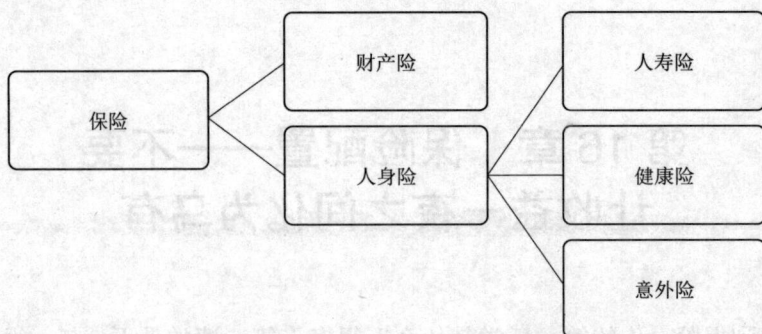

图 16-1 保险分类（投保内容）

例如要给自己的房子弄个火灾险，在签订合同时，就要在合同上明确写明房间内的各种家具、电器数量，以及品牌、估价等。只要没明确说明的，或者品牌等对不上的，还有后期购买的，都不在保障范围内。另外，火灾是人为还是天灾也需要调查。不像医疗险，有花费的单子即可。

建议在有多余资金的情况下可以考虑配置一些财产险，资金不充足的情况下，还是以人身险为主。

2. 人身险

人身险包括生、老、病、死、伤、残等各个方面，主要分为人寿保险、健康险和意外险三类。

（1）人寿险，是以人的生死为保险对象的。被保人在保障期限内身故，保险公司会按合同约定，赔付一定赔偿金。简单来说，人寿保险主要保"死"，就是人没了才赔钱，目前常见的就是定期寿险和终身寿险。

（2）健康险，是以人的身体为对象的。被保人在疾病或意外事故中，受到损失时会补偿一定费用，导致伤残时也会得到一定费用。简单来说，健康保险就是保"生"的，即得病了才赔钱，常见的是重疾险和医疗险等。

（3）意外险，是以人的身体遭受意外伤害为保险条件的。意外伤害就是因为那些外来的、突发的、偶然的、非疾病导致的伤害。所以，意外险是既保"生"也保"死"的，出了意外都赔钱，重点在于意外的范畴，如飞机、火车出事故，猫抓狗咬等都是意外，对应的赔付金额也会不同。

这是按投保的内容来分的。按功能来分，又可以分为理财型保险和保障型保险（见图 16-2）。

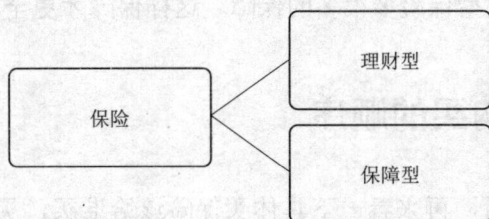

图 16-2　保险按功能分类

　　理财型保险是兼顾了保障和投资两个功能的。适合又想买个保障，又想有些收益的。

　　保障型保险以单纯的保障为主，就是以保费换保额的简单模式。

　　买了保障型的保险，一旦真的出现保障范围内的，保险公司会给你赔付；没出现情况则不会赔付，可以理解为钱白花了，回不来了。理财型保险，出现意外，保险公司会给你赔付，没有出现意外，还可以获得一部分的投资理财收益，有些险种的保费还会退还给你。

　　按功能分类后，看来好像是理财型保险好，其实还要具体进行比较，如图 16-3 所示。

　　保障型的优点是费用低，保障范围广，几乎各种场景下都可以保障，具体哪些保哪些不保，在合同的条款里都会很清晰地说明。缺点是投保的条件多，受到的限制大。如曾经做过重大手术，想买重疾险就比较难。

　　理财型保险的优点是不只有保障，还有收益，但只有这一个优点。缺点一是不够灵活，周期长，要持续好几年；二是收益低，很多理财型保险的收益根本没有宣传的那么高，可能算下来还不如货币基金；三是保障范围比较少，具体哪些能保，哪些不能保，有些复杂，有时候看合同也看不明白；四是门槛比较高，费用比保障型的要高很多。

　　这两类保险应该选择哪个呢？笔者建议还是选择保障型的，用更少的钱，获得最大的保障，节约下来的保费，可以用于购买其他理财产品获利。例如，用余钱定投基金，最终的收益比购买养老保险高得多。而且越早安排，每月需要的本金也越少，比直接购买保险的成本更低。无法通过定投来实现的，比如意外和重疾，就直接购买保障型的保险，每月只需几百块，就可以获得比理财型保险多很多的保障，这样保障才更全面。

16.2　保险购买的顺序

了解了分类后，再来看一下具体买保险该给谁买，买哪些。现在很多人购买保险的顺序不对，说到要买保险，第一个想到的是先给小孩买一份，觉得这样能给小孩一份保障，却完全不考虑自己，觉得自己有工作有社保不用怕。

这个顺序是错误的。正确的顺序应该是先保大人，再保小孩。特别是作为家庭支柱的大人，更是第一位，因为他一旦出现意外，整个家庭就没有收入来源，这样不只是小孩没保障，整个家庭成员也都会受影响。有了保险，还能有一些保障。

所以正确顺序应该是先大人，大人中先是家庭支柱，再是其他大人，然后才轮到小孩，最后是老人，如图 16-3 所示。

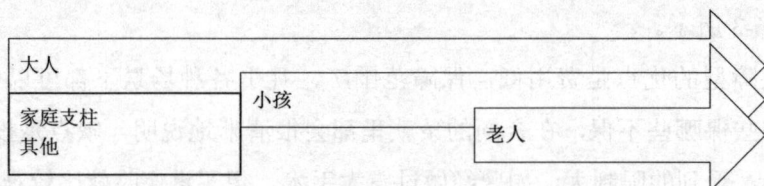

图 16-3　购买保险顺序

明确顺序后，再来看具体买哪些保险。财产险可以先不考虑，重点考虑人身险，人寿保险、健康险和意外险这三类最好都配置到，在资金少的情况下，可以有个侧重点。

按刚才说的顺序，家庭支柱的健康险和意外险一定要有，人寿险可以先放一放，后期资金充足了再补上。其他大人可以先考虑健康险，意外险和人寿险也是后期补上。小孩同样也是先关注健康，再说意外，人寿险就先不考虑了。老人因为年龄大了，买保险很多都不合算，所以可以先把除了社保外，其他的健康险来补充一下，如图 16-4 所示。

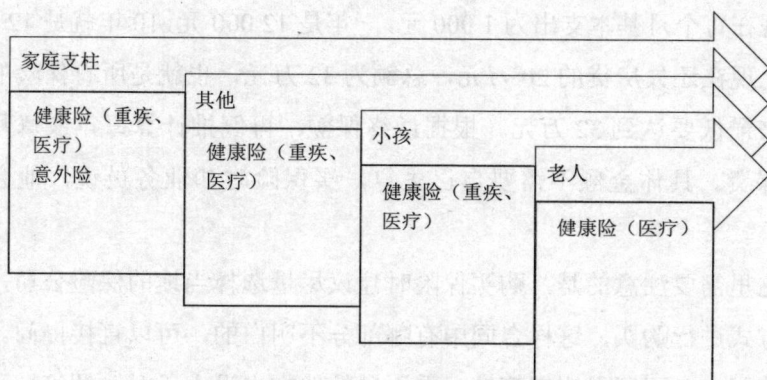

图 16-4 购买保险类型

这里的健康险包括重大疾病险和医疗险。

重大疾病险建议每个人都配置一些，人寿和意外发生的概率较低，重疾发生的概率是很高的。一旦发生，花费可不低，所以还是建议都配置一些。

医疗险可以配合社保进行，如社保是超过 1 800 元才能报销，那就购买一份医疗补充险，把未达到 1 800 元的部分也保障了。还有一些其他不在社保内的，如住院陪护费等，都可以通过购买商业医疗险来补齐。医疗险，加社保，再加上重大疾病险，整个健康情况就都有保障了。

16.3 保险购买金额

明确了不同人要买的不同保险，下面来看下要买多少。

具体金额不能看每次交的保费是多少，应该由总的保额来决定。总的保额至少是家庭未来 10 年的基本支出，加上还没有还完的总负债，如图 16-5 所示。

图 16-5 购买保险金额

现在每个月基本支出为 1 000 元，一年是 12 000 元，10 年就是 12 万元，再加上现在还欠房贷的 20 万元，总额为 32 万元，也就是所有保险的保额加起来最低要达到 32 万元。根据最终保额，再倒推计算每年或每月要交多少保费。具体金额不需要自己去算，买保险时和业务员说，他会帮你计算。

这里需要注意的是，购买保险时建议尽量选择当地的保险公司，通过线下方式进行购买，这样合同中有哪部分不明白的，可以直接提问。通过线上购买，合同写得比较笼统，看不懂的地方也没人一对一解答。还是要把合同全部看懂弄清楚了再购买。保险是按合同来理赔的，不要只听信别人说，任何人说的话都要在合同中明确写明，这样才能减少无法理赔的情况发生。

明确了购买金额，手上资金比较多的情况下，同一类型的保险，还会有人在不同公司多买几份，因为觉得保险买得越多赔得越多。一家能赔 10 万元，三家不就能赔 30 万元了。这是不对的，不同类型的保险对赔付额度是有要求的，并不是买得越多就赔得越多，就算是在不同公司买的也不行。

人寿保险可以重复赔付，因为它关系到人的生命；意外险只有出现身故、严重残疾的才可以，其他没有影响生存的不可以；健康险也只有在诊断为某种重大疾病，直接影响生命和后续生活的才可以，其他的都不可以。

简单来说，要么身故，要么后续无法正常生活，这种情况才可以重复赔，买几份就赔几份。其他的都是按最高金额来赔，一家赔够了，其他家就不会赔了，一家不够，其他家才会赔，但加起来都不会超过最高额度。

如图 16-6 所示，在 A 公司买了 10 万元的健康险，在 B 公司也买了 10 万元的健康险，现在得个一般的病住院花了 5 万元，那么 A 公司赔付完后，B 公司不会再赔付；如果这次花了 15 万元，A 公司赔了 10 万元后，剩下的 B 公司还可以再赔 5 万元。总之，总金额不会超过你所花的。

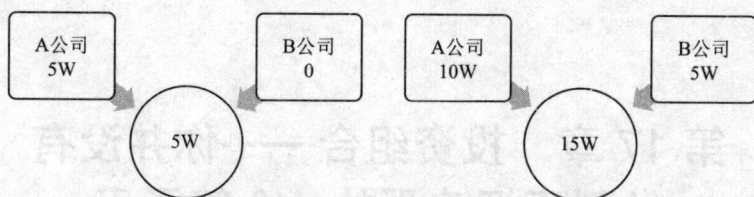

图 16-6　保险赔付金额

这也是提醒我们，买保险要结合自己的实际情况进行，类型可以多，但同一类型的够自己的保障就行了，不要贪多，因为买多了也是白费。

16.4　保险合同的注意事项

签订保险合同时的注意事项如下：

首先是前面介绍的，哪些能赔，哪些不能赔，什么情况下可以赔，什么情况下不能赔，这些一定要在合同中明确，不要只相信业务员说的什么都可以赔，他说的任何话，都要在合同中体现。

另外，保险合同上内容比较多，重点关注保障范围和不保障范围这两部分，有任何不明白的，一定要弄清楚。还是那句话，保险不是什么都保的，合同中说了保的才会保。

其次是在购买健康险之前，最好能够做一个体检，明确你现在的身体情况，之前得过哪些病，做过哪些手术等。把这些提前说明，不要有任何隐瞒，提前说明了，真出现不理赔的情况，还可以拿着合同打官司。因为已经提前告知了，责任就不是自己，而在对方；没有提前告知，出了问题就麻烦了。

还是建议在资金充足的情况下，除了社保外，再给自己配置一些商业保险，给自己的理财收益上一把锁，不能光知道挣收益而不保护。

第 17 章　投资组合——你并没有做到不把鸡蛋放一个篮子里

前面介绍风险接受度时提到，哪怕只能接受低风险的，也建议拿出少量资金配置一些高风险产品。在介绍基金定投时也提到，最好定投 4 只基金，最多不超过 6 只，这里还要求是不同类型，不同风险的。这些就是投资组合的过程。

投资组合的目的一是为了增加机会，二是为了降低风险，如图 17-1 所示。组合中有股票基金，也有货币基金，当市场环境好时，股票基金就有机会获得更高的收益；而当环境不好时，货币基金又可以起到减少损失的作用，比全部都买了股票基金风险低很多。

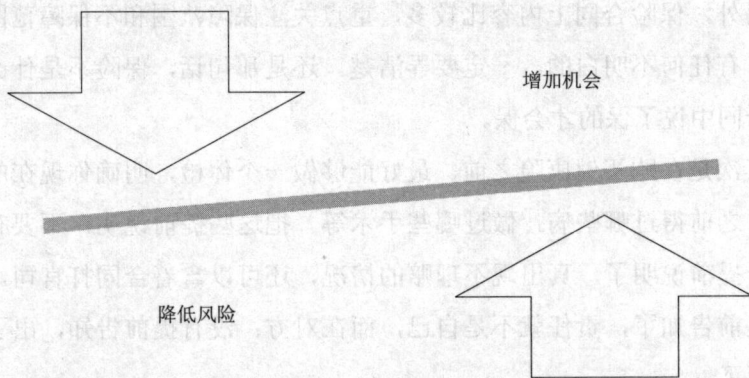

图 17-1　投资组合作用

具体如何进行投资组合，下面来进行详细介绍。

17.1　每月收入分配

第一步要做到将现有资金进行合理分配，不同的用途选择不同类型的产品。先对每个月的收入进行分配。很多人的财务状况不好，最主要的原因就是不能对现有收入进行合理分配。只是知道每个月要花钱，但具体花哪儿了，却不是很清楚。这里建议将每个月收入分为要花的钱、保障的钱、保本增值的钱和钱生钱的钱四部分，如图 17-2 所示。

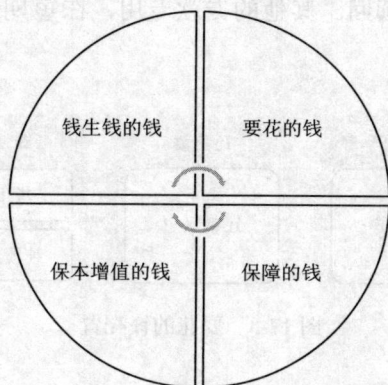

图 17-2　收入分配

1. 要花的钱

要花的钱包括日常的所有开支，如水电费、吃饭和房租等。先来估算这些大概占每月收入的多少。还有每月要还的负债，如车贷和房贷等。另外还有一些其他的专款专用，如小孩的学费等，把这些平均到每月来看看需要多少。

现在每个月收入为 5 000 元，日常支出为 1 000 元，负债为 1 500 元，一共 2 500 元，已经占收入的 50%。这种情况下还好，再加上每月小孩的学费等要准备 500 元，还有 2 000 元可以用于其他。

具体操作为：发了工资后，先把日常支出的 1 000 元转到自己平常用的支付账户里，经常用支付宝，就放到余额宝里，经常用微信，就放到零钱宝里，多多少少还可以有一些收益。

负债的 1 500 元，首先选择还款日期最好在发工资后的一两天内，发了工资先转到对应的还款账户里。这部分要保本，还要确保时间，这样就不能考虑高风险产品，而一般金额和时间又都不多，选择低风险产品收益也没多少，所以就不如放弃这部分资金收益，确保按时，还不增加利息即可。

　　小孩的学费为 500 元，因为不是每月交，是每年或半年交一次。一次性拿出会影响当月生活质量，所以就每月都攒下一点，到时一次性取出，专款专用。这部分也是要保本的，所以选择低风险的货币基金或者纯债券基金，如图 17-3 所示。选择好一只基金，每月发工资后就先买 500 元的，需要用时再直接卖出赎回。其他的专款专用，在短期内要用的，也采用相同的方法。

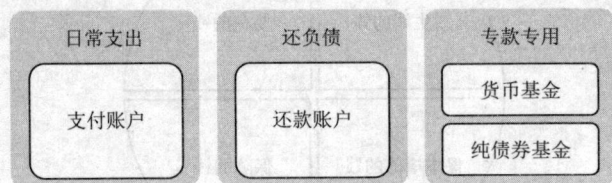

日常支出	还负债	专款专用
支付账户	还款账户	货币基金
		纯债券基金

图 17-3　要花的钱配置

2. 保障的钱

　　保障的钱包括要准备的备用金，还有购买保险的费用。备用金金额，要按现在每月支出情况至少准备半年的。现在每月日常支出为 1 000 元，最少要准备 6 000 元的备用金。这 6 000 元要保本，而且还要随时可以支取，所以比较适合配置低风险的理财产品。

　　如果自控力还行，可以控制自己不去动这部分资金，就选择货币基金或纯债券基金。注意要和第一部分中专款专用的区分开。给小孩每月准备学费的 500 元买了一只货币基金，这里就要重新选择一只基金，选择一只债券基金。

　　收入为 5 000 元，日常支出、还负债、专款专用每月为 3 000 元，只剩下 2 000 元可用。准备备用金，可以选择每月一次性买入 2 000 元，连着买 3 个月，攒够 6 000 元后，后续就可以去购买其他一些高收益的理财产品了；也可以选择先每月存 1 000 元，连续存 6 个月，另外 1 000 元去购买高收益的产品。建议还是每一种方法都采用保险一些，因为备用金是必需的，在没有配置够这部分资金前，最好先不要想着高收益了。

　　如果自控力不强，不知道什么时候就会花掉，建议存个银行定期，可

以按前面讲过的 12 存单法或者是阶梯法来操作。备用金配置如图 17-4
所示。

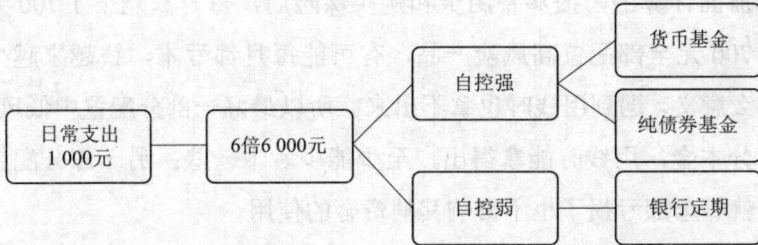

图 17-4　备用金配置

这部分资金是为了保障遇到紧急事件的，所以平常能不动就不动，如
果动了，就要即时补上。后续每月支出提高后，对应的金额也要补上。但
这 6 000 元还是有些少，每月负债就 1 500 元，再加上 1 000 元，每月必花
的为 2 500 元，6 000 元只能支持两个月，所以在资金充足的情况下，还是
最好能多准备一些，按一年 15 000 元来准备，这样更保险一些。

除了备用金外，还有一些保障可通过购买保险来实现，所以还需要一
些支出用于购买保险。

在资金少的情况下尽量选择保障型保险，因为它的保费低，可以按月
交，保障范围最广，选择自己最需要的保险来购买，每月也就几百元，如
图 17-5 所示。刚才剩下的 2 000 元中，还需要拿出 300 元左右先购买一个
重疾险或者意外险，两个能都买最好。这样准备备用金，每月就只能攒下
1 700 元，要连续存 4 个月才行。

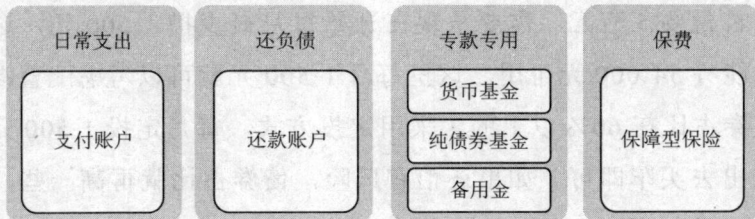

图 17-5　保障的钱配置

除去这些以后，剩下的资金才是为了赚取收益做投资理财的部分，也

可分为两部分，分别是保本增值的钱和钱生钱的钱。保本增值对应的是中低风险，钱生钱对应的是高风险。

按前面计算的，攒够备用金和购买保险后，每月只剩下 1 700 元，如果这 1 700 元全部配置高风险产品，有可能每月都亏本，钱越来越少，这样没什么意义，遇到用钱时也拿不出来。所以最好一部分配置中低风险的，保一部分本金，用钱时能拿得出，至少能少亏本一些；另一部分配置高风险的，就算全部亏损了也不影响其他资金的使用。

具体如何配置，可以根据不同资金的使用时间来决定（见图 17-6）。如果是近一年内会用到的，肯定是要保本的，只能选择低风险的货币和纯债券基金。像 3 个月后要买手机，每月要攒 1 500 元，就可以把这 1 500 元放到给小孩准备的 500 元学费的基金中，也可以放到日常支出的账户中，只要确保不会提前花了即可。

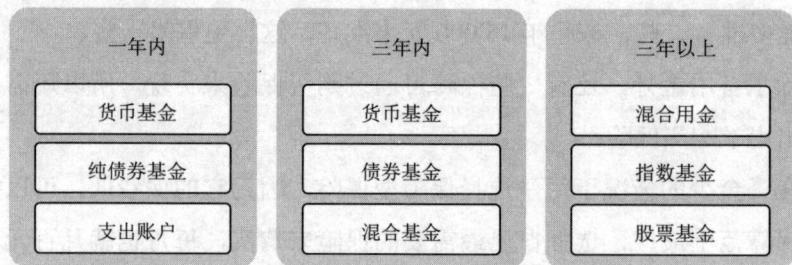

图 17-6　投资的钱配置

如果是 1~3 年内会用到的，可以选择低风险的，也可以选择偏债券型的混合基金，确保用的时候可以拿出相应的金额。三年后想买一辆车，首付要 5 万元，需要从现在开始每月最少攒 1 500 元，这样三年后才能有 54 000 元可用。这里每月 1 500 元就可以考虑配置混合基金，债券占比在 60% 以上的，采用定投方式，每月定投 1 500 元，三年后取出去买车即可。如果还怕有风险，债券占比就再高一些，可以达到 80% 左右的。

如果是三年以上，甚至更长时间才会用，比如准备的养老金，那么就建议选择高风险的。现在想每月拿出 1 000 元准备自己以后的养老，差不多要 20 年后才会用到，那么就定投两只高风险的基金，每只 500 元，可以选择一只指数基金和一只股票基金，指数基金选择被动的，这样风险比股票还低一些。

17.2　已有资金分配

这是每月收入的组合情况，按四个部分进行分配。看下除了每月的收入外，已有的资金如何分配。辛苦工作了好几年，不管怎么说，也攒下了 5 万元，这 5 万元该如何分配？

首先，根据资金的用途和使用时间的长短来决定。这部分资金是准备给小孩当大学学费的，有明确用途，时间也好确定。如果再过两三年孩子就要上大学了，这部分资金就要配置为中低风险的理财产品。建议分为两部分，前两年的学费配置为低风险的，后两年的配置为中风险的。因为离上学还有两三年，再加上前两年的，总共有四五年的时间，这四五年里还可以再攒一些，所以后两年的学费还是可以接受一些风险的。如果小孩离上大学还远，还要六七年，那么就可以配置一些中高风险的，专门用于钱生钱。学费还可以通过每月定投一只中低风险的基金来攒。

其次，没有明确用途，还没准备好备用金的，可以拿出一部分作为备用金，剩下的再用于投资理财。同样分为保本增值和钱生钱两部分，可以根据自己的风险接受度来分配。

只能接受低风险的，就用 60% 以上来配置低风险的产品，其他的 20%~30% 配置中风险的，剩下的配置高风险的。比如有 5 万元，拿出 15 000 元作为备用金，剩下的 35 000 元，20 000 元用于购买低风险的货币基金或债券基金；10 000 元购买中等的混合基金，债券和股票配比可以各占一半；最后 5 000 元用于购买指数基金或者股票基金，如图 17-7 所示。这里是指一次性买入，不是定投。

如图 17-8 所示，能接受中等风险的，可以 60% 配置中等风险产品，20% 配置低风险，20% 配置高风险。在已经准备好备用金的情况下，高风险的也可达到 40%，可以不配置低风险的。中等风险产品中还要选择股票占不同比例的。可以选择一只偏股的产品，股票占比在 80% 左右；再选择一只偏债券的，股票占比在 20% 左右；资金多还可以再选择灵活配置型的产品，这样风险还可以继续分散。

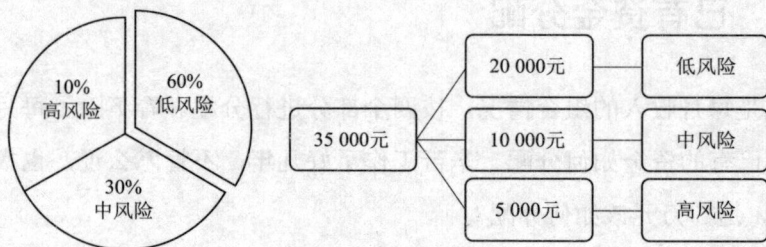

图 17-7　低风险配置

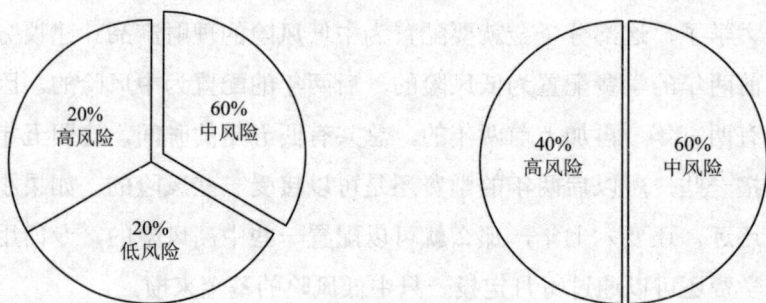

图 17-8　中风险配置

能接受高风险的，同样 60% 左右用于购买高风险的，再按指数是被动型还是增强型，股票里按不同行业再分开配置。在有备用金的前提下，其他 40% 可以全是中等风险的，没有备用金就先配置低风险的，等备用金够了再改成中风险的。

这些资金没有地方用，全部亏损了也不影响，而且高风险比例还可以提高到 100%。但是这里有个 80 原则，用于计算高风险的最高比例，就是用 80 减去你现在的年龄，结果是高风险最高不要超过的范围。现在是 30 岁，80-30=50，高风险的最高比例就是不超过 50%；现在是 50 岁，高风险最高比例就是不能超过 30%，如图 17-9 所示。

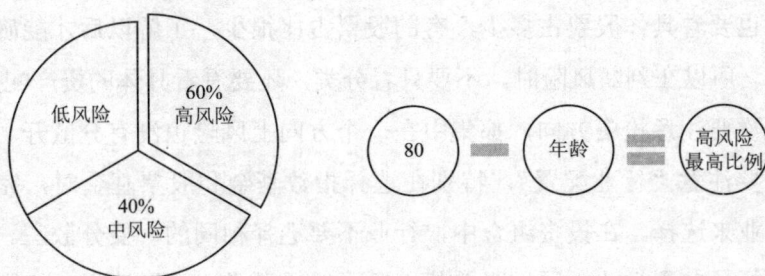

图 17-9 高风险配置

17.3 风险分散的注意事项

了解了收入和现有资金的分配，再介绍投资组合中的风险问题。经常说"不要把鸡蛋放在一个篮子里"，就是说，风险要分散，不要集中在一个产品里面。但在实际操作中，还是有很多人做不到。

首先，不能只根据分类来判断风险，要看具体配置情况。前面介绍的投资组合中，不能只顾一方面，要按高、中、低不同风险分散开，但因为理财产品太多，很多人不会区分，只能根据分类来划分。

只看分类混合基金和股票基金，就觉得混合基金是属于中风险的，股票是高风险的，要风险分散，就买一只股票，一只混合基金。但有时混合基金也属于高风险，同时买了混合基金和股票基金，并没有分散风险，全是高风险的。这是因为混合基金中有一种是灵活配置的，当股票占比超过90%时，它的风险就和股票基金差不多了。

基金可分为货币基金、债券基金、混合基金、指数基金和股票基金。货币的还好说，属于低风险；债券基金就不一定了，因为它又分为纯债券基金和混合债券基金。纯债券基金也都是低风险的，但混合债券基金要看资产配置中债券的占比情况，债券占比大，也可以说风险低，债券占比小，股票占比大，风险就属于中等；混合基金中偏债券的属于中等风险，偏股的和灵活配置中股票占比超90%的，就是高风险的；指数基金都属于高风险的，但被动型要比增强型风险低一些；股票基金大部分都是高风险的，但也要看具体股票占多少，有的股票占比很少，了解以后才能确定风险情况。所以在判断风险时，不要只看分类，还要看看具体的资产配置。

其次要注意投资方向，都集中在一个方向上风险也没有分散开。有些基金需要注意"行业配置"，特别在选择指数基金和股票基金时，完全可以按行业来选择。在投资组合中，行业不要选择相同的，要分散些。指数基金选择了白酒行业主题，股票就不要再选择酒类，可以选择一个别的行业，如制造业。

之前听过这样一个故事。一位商人同时投资了雨伞和太阳伞两个项目，有人就看不明白了，问他说："你这样做到底是想老天爷天天下雨呢，还是想遇到干旱呢？"

商人笑了笑说："如果只投资其中一个，遇到旱情，雨伞就会亏损；而到了雨季，太阳伞又会亏损。两个项目同时投，无论遇到什么天气，我都赚。"

这个故事告诉我们，投资方向不要过于集中，这样风险也会比较高，方向平衡一些，风险才会低一些。

风险分散注意事项如图 17-10 所示。

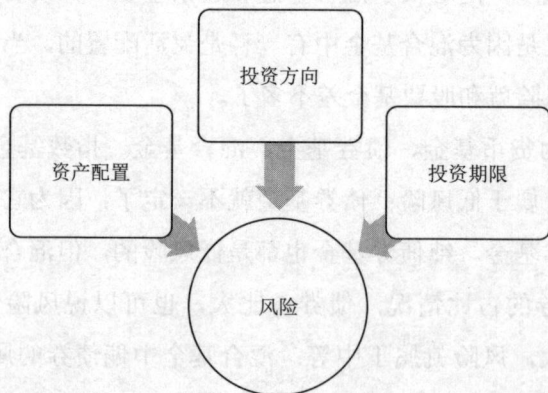

图 17-10　风险分散注意事项

　　需要注意的是，投资期限也要有所不同。之前一位朋友只能接受低风险的产品，所以购买了一个银行理财产品，期限一年，为了分散风险，又买了一只债券基金，是定期开放的，封闭期同样也是一年。这两者的时间差不多，所以也没起到分散作用。因为这一年内，遇到亟须用钱时，不管取哪一个，都需要提前赎回，收益都会受到损失。

　　所以银行理财产品可以是定期的，债券基金最好是可以随时支取的，这样才比较灵活，收益也能有保障。在资金量比较多，已经准备好备用金的情况下，这样操作也可以的，但最好还是把时间错开。

第18章　不同阶段的理财步骤与方案

上一章节介绍了普通收入和现有资金分配比例，本章结合具体案例再进行详细介绍，在人生的不同阶段，不同情况下，具体的投资组合该如何进行。这里将理财生涯分为4个阶段，分别是单身阶段、二人世界阶段、三口之家阶段及养老阶段。

18.1　单身阶段

单身阶段主要指从学校毕业，刚参加工作的阶段。该阶段的特点是工作不稳定，要么是刚参加工作还在试用期，要么是对现有工作不满意，计划着换工作，或者换了很多工作，还没找到喜欢的工作。正因为工作不稳定，对应的收入也不稳定，而且大部分收入也并不高。

处在该阶段的好处是风险接受度比较高，因为没有任何负担。父母还在工作中，不需要你来养老。该阶段也没有小孩，没有其他人需要你照顾，所以是一人吃饱，全家不饿的状态。

也正因为无负担、无压力，该阶段很多人没有储蓄的习惯，基本都是有多少就花多少，很容易进入负债。收入低，自己想要的又很多，所以会习惯提前消费，通过负债的形式来购买想要的东西等。在自己能力范围内的还好说，超过自己能力范围就会对生活产生影响了。

所以该阶段理财最重要的目标：一是不要有负债；二是要开始储蓄，不做月光族；三是尽早明确自己的工作方向，早点把工作稳定下来，如图18-1所示。

下面来看一个真实案例。小刘在一家位于四线城市的工厂流水线上班，现在每个月的固定收入为 3 000 元，遇上效益好、加班时间多的情况收入还会多一些。

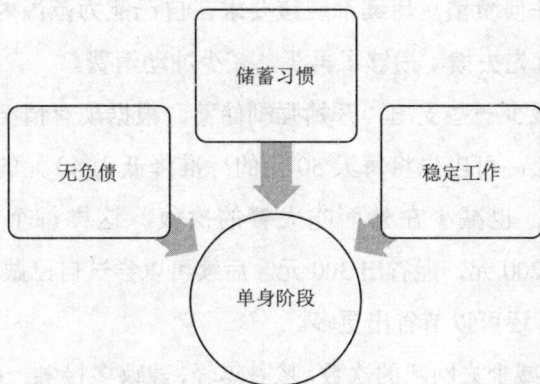

图 18-1　单身阶段理财目标

如图 18-2 所示，支出第一个固定的是房租，因为不习惯在工厂宿舍，所以自己出来租房子住，每月房租为 500 元，还有水电费差不多是 100 元。另外，因为买了一个手机，需要每月还 1 000 元，还有 4 个月才能还完。这些支出加起来已经有 1 600 元了，占收入的一半。还有一个大的支出是吃饭，因为自己不会做，所以每天都在外面吃。早餐在 6 元左右，午餐在食堂吃还比较便宜，在 15 元左右，晚上就比较多了，算下来平均一天吃饭在 50 元左右，一个月大约 1 500 元，这还不包括和同事出去吃大餐的费用。这些支出加起来有 3 100 元。除了这些以外，每月的手机费 60 元，还有平常的其他娱乐活动费用，金额不固定。

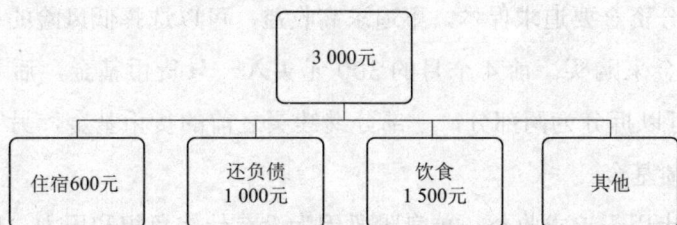

图 18-2　单身阶段收支情况

总之就是在没有加班的情况下，每个月的收入都不够支出，所以不会有结余，更别说储蓄了。这种情况下该如何进行理财？

第一步针对负债来说。因为每月 1 000 元，还有 4 个月就能还完，负债还在自己能力范围之内，所以不需要延长等操作，保持现状。关键是要做到不再新增任何负债。后续都应该要求在自己能力范围内来消费，当前资金不够的，就先去攒，攒够了再买，减少冲动消费。

第二步要减少一些支出，开始强制储蓄。根据现有情况来看，最主要的支出在饮食上，可以先将每天 50 元的标准降低为 40 元的标准，尽量在工厂食堂吃饭，也减少在外面吃大餐的次数。这样每个月饮食支出从 1 500 元降到 1 200 元，能省出 300 元。后续可以尝试自己做饭，一天 20 元的菜就足够了，还可以节省出更多。

另外，建议减少去网吧的次数，趁着年轻，建议多接触一些有用的东西，多看看书，多看看纪录片等。多增加一些自己的见识，毕竟不能一直在流水线上工作，至少应该进入流水线的管理层。拿出一部分资金来投资自己才是最大的投资，后续工资上涨可以比现有本金投资理财的收益多得多。

第三步不急于开始投资，先准备好备用金。备用金按 1 500 元的标准来准备，因为每月房租水电为 600 元，饮食上省着点 900 元也差不多，所以每月 1 500 元基本够一个月的生活费。每月 1 500 元，准备 6 个月的，就需要准备 9 000 元的备用金。

还负债的 4 个月中，每月攒 300 元可以攒到 1 200 元，后续每月 1 300 元，还需要再准备 6 个月，1 200 元加 7 800 元，金额刚好够。也就是从现在开始，10 个月后才能准备好备用金。

这部分资金要追求保本，不追求高收益，可以选择低风险的货币基金或纯债基金来购买。前 4 个月的 300 元买入一只货币基金，后 6 个月的 1 300 元可以拆分为两部分，一部分继续买之前的货币基金，另一部分买入一只纯债基金。

第四步用于追求收益。单身阶段因为没有什么负担和压力，风险接受度会高，所以高风险的比例可以提高，但也不要全部用于购买高风险产品。

如图 18-3 所示，10 个月之后，攒够了 9 000 元的备用金，1 300 元就可以用于追求高收益。拿出约 60%，即 800 元来购买高风险的产品，其中

400 元定投一只指数基金，另外 400 元定投一只股票基金。指数基金建议
选择被动型的，跟着沪深 300 指数来；股票基金建议选择制造行业，因为
现在从事的就是制造业，自己是参与者，可以直观地体会到行业的变化。
加班多，订单多，说明制造行业好，会上涨；加班少，没什么订单，说明
制造行业不太好，要下跌了。建议在选择股票基金时，最好选择自己比较
熟悉的行业进行。

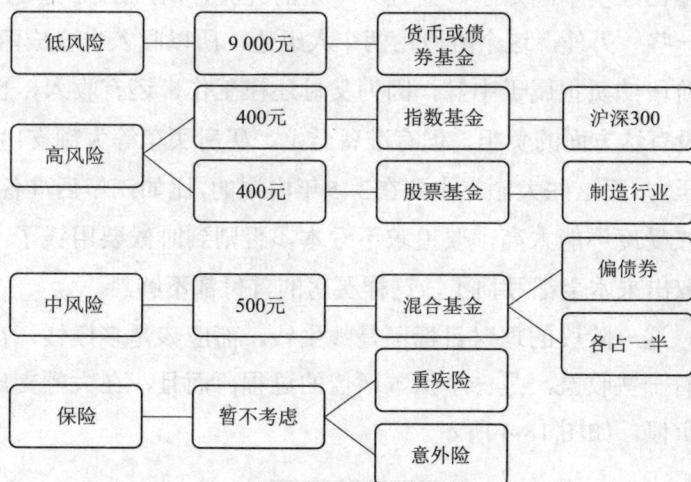

図 18-3　单身阶段配置

剩下的 500 元选择中等风险的基金进行，选择一只混合基金来定投，
可以选择偏债券的，或者是债券和股票各占一半的。高风险主要是追求收
益，钱生钱这一部分是要保本增值，所以至少要有一半可达到保本。

这些定投基金在没有特殊情况下不要赎回，一直持续定投中。后续自
己的工资增加后，增加备用金的同时，还可以看看哪只基金收益不错，就
可以再追加一些。

这里没有配置低风险产品，是因为 9 000 元的备用金已经是低风险产
品了。没配置保险是因为单身阶段保险不是要紧，在工资增加后可以考虑
拿出一部分购买重疾险和意外险，也可以暂时不买，等到下一个阶段二人
世界后再进行配置。

单身阶段因为没有什么压力和负担，可以勇敢一些，多一些机会尝试。

有了压力和负担后，进入二人世界、三口之家后就不能冒太大的风险，需要调整配置情况。下面介绍二人世界阶段如何配置。

18.2 二人世界阶段

二人世界阶段的主要特点是收入相对稳定，因为工作已经有几年了，做什么工作已经基本确定了，而且有一定的经验，对应的工资收入也比单身阶段高一些。另外，这个阶段由两个人组建，所以收入也变成两份。

这一阶段的负担属于中等，因为父母还在工作，还有收入，也没有小孩，所以没有这方面的负担，但有准备结婚、买房买车等大额支出的负担，会有一定压力。而这些大额支出要在3~5年内用的，比如三年后准备买房子，所以风险接受度不能太高，要追求不亏本，否则到时候要用钱了，资金还被套牢，取出来本金都亏损了，这样买房的首付都不够。

因此，这一阶段的理财目标不是钱生钱，而应该是多攒钱，在保本的基础上能有一些收益，是一个保本增值的过程。而且，在大额支出前不能新增任何负债，如图18-4所示。

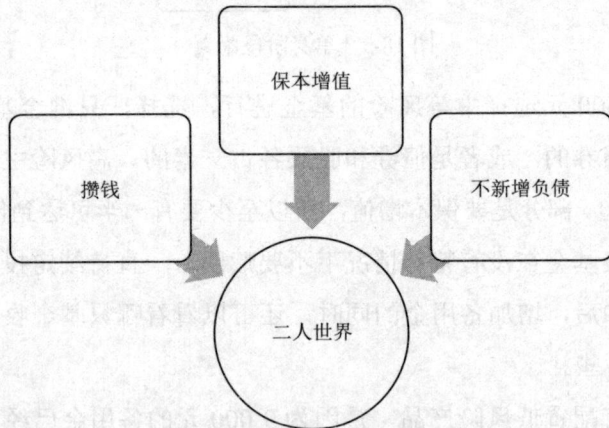

图 18-4 二人世界阶段的理财目标

再来看个具体案例。这个案例和单身阶段的案例是同一个人，只不过从单身阶段进入了二人世界阶段。

两个人是在同一家工厂工作认识的，都是在工厂流水线上工作，每人收入是固定 3 000 元，两个人是 6 000 元，加班的收入另算。

支出房租加上水电还是 600 元，没有换住的地方；饮食上之前一个人时经常在外面吃，现在两个人后开始自己做着吃，每天菜钱 20 元左右，所以每个月 600 元就够了，再加上偶尔出去吃点好的，每月饮食支出为 1 000 元；负债之前自己一人时每月要还 1 000 元，现在已经还完了，但是又给对象买了一部手机，每月又新增了 1 000 元的负债，需要还 4 个月，如图 18-5 所示。这样 3 000 元剩下 400 元用作其他支出也够了。相当于两个人在一起花一个人的 3 000 元，另一个人的 3 000 元可以全部节余下来。

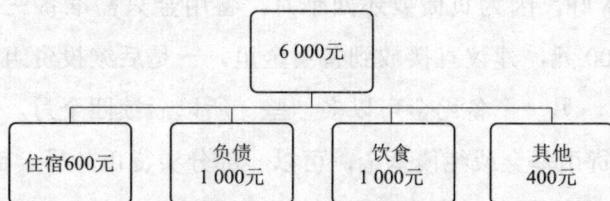

图 18-5　二人世界收支情况

两个人的主要目标是想三年后攒够首付，买一个属于自己的房子准备结婚。不管买什么，适合自己，够自己用即可，不要为了面子去承担超过自己能力范围的压力。买房亦是如此，要选择适合自己的，不需要一味追求太好，太大的。

一开始他们觉得要买就一步到位，所以想买 120 平方米左右的，按当地平均房价 6 000 元来算，120 平方米需要 72 万元左右，首付按 30% 计算需要 21.6 万元，再加上其他费用，最少也要准备 24 万元。每个月结余 3 000 元，三年也只能攒够 10 万多元，离 24 万元差距还是比较大的。

后续建议他们房子没必要一下子买那么大的，可以先满足自己的需求，后续有实力后再考虑换。现在常住人口只有两个人，结婚后有小孩，2 室 1 厅就够用了，再多准备一间，3 室 1 厅是足够了，所以最终选择了一个 70 平方米左右的房子。这样总价只需 42 万元左右，首付 30% 也只需 12.6 万元。再多加一点，按 15 万元来准备，每月 3 000 元，三年 10 万元，差距已经不大了。因为等每个月的负债还完后，每月能有 4 000 元的节余，三年就能攒够 14.4 万元，离目标更近了。

具体配置步骤首先还是负债。除了现有每个月要还的负债外，不要再新增任何负债。同时还要按时还负债，确保征信没问题，把银行流水做好，买房办贷款时需要用到，提前做好准备，办理可以更顺利。

其次在投资组合之前，还是要先准备好紧急备用资金。如果在单身阶段已经准备好了，这一步可以跳过；没准备好的，还需要再准备。

现在两个人在一起生活，还是按每个月 1 500 元，总额 9 000 元的标准来准备。因为现在每月可以节余出一个人的工资 3 000 元，所以只需三个月就能准备好。因为负债要还四个月，备用金只需准备三个月，多出一个月的 3 000 元，建议直接放到备用金里，一是后续投资组合可以统一按 4 000 元算，另一个备用金可以多一些。所以后续四个月，每月要拿出 3 000 元购买货币基金或纯债基金，可以一部分买货币，另一部分买债券，也可以只买一只。怕花掉就存到银行里，每月存入一个 3 000 元的半年定期，总共是四个定期存款，到期后如果要用就取出，如果不用就继续存着。

四个月后，负债还完了，再看一下每月 4 000 元该如何配置。因为这一阶段的大额资金在 3~5 年内才会用到，所以应该追求保本的，对应低风险的产品占比比较大的，高风险的产品占比要少一些，甚至完全没有。

如图 18-6 所示，4 000 元中拿出 2 000 元来选择低风险的，刚才的备用金选择了货币基金和纯债券基金，这里可以重新选择一只长期纯债基金进行定投。指数基金和股票基金才适合定投，这里因为目的是要攒钱，怕自己花掉，要做到先储蓄后消费，所以也可以采用定投的形式，每月发了工资就先转 2 000 元到一只基金里。

然后再拿出 1 200 元选择中等风险的，建议选择一只偏债券的混合基金，在保本的基础上少争取一些收益，以达到保本增值的目的。如果你风险接受度高，可以购买两只混合基金，一只选择偏债券的，另一只选择偏股票的或者灵活配置的。同样可以采用定投的方式进行。

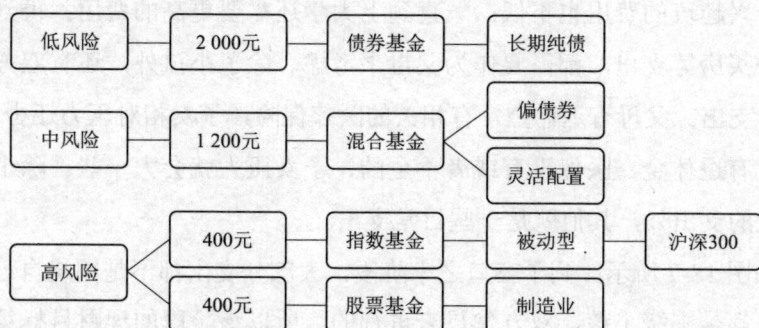

图 18-6　二人世界配置

　　剩下的 800 元选择高风险的，分别定投一只指数基金和一只股票基金，每只 400 元。指数还是选择被动型的，股票还是选择自己熟悉的行业，如制造业。这部分的目的是多争取一些收益。

　　除了这 4 000 元外，可以在每月的支出里再省出两三百元，给双方都买一份保障型保险，优先选择重疾险，能节省出多一点，可以再选择个意外险。

　　这就是针对目前的资金情况做出的投资组合。这三年内，在备用金准备好，负债还完后，可以考虑升职加薪或者换一分收入高的工作，多出来的资金可以追回到中风险或者高风险上。因为按现在的组合来看，三年后房子的首付是够了，多出的资金可以多争取一些收益，也许还会有意外的收获。怕风险的，就选择中风险产品占比多一些，高风险产品占比少一些的。

　　这是两个人时的投资组合情况。下面介绍三口之家，在买了房子、还房贷、有了小孩的情况下该如何配置。

18.3　三口之家阶段

　　三口之家的特点是收入比较稳定，而且进入该阶段收入后经济状况也属于中等。但对应的支出多了很多，负债就有房贷和车贷等；也有了小孩，小时候要奶粉钱，大一些上幼儿园各项支出也不少；上了小学学费不高，但各种兴趣班的费用也不低；一直到上大学还需要更高的费用；再到毕业后结婚买房等支出，都需要作为父母来考虑。除了小孩外，还有双方父母的养老支出。父母有退休金，有相关的医疗保险，子女相对压力还少一些；父母没有退休金，医保没有或者不全的，子女压力就会大一些。除了这三项最大的支出外，其他就是一些日常支出。

如图 18-7 所示，到了三口之家阶段，大部分支出都不是围绕自己来进行的，都是围绕小孩、双方父母来进行的。所以该阶段的理财目标第一是应该把自己每月的支出安排清晰，要专款专用，小孩的学费就用于做学费，给父母的生活费就用于做生活费。提前划分和准备好，不要到时候要用了却拿不出来。

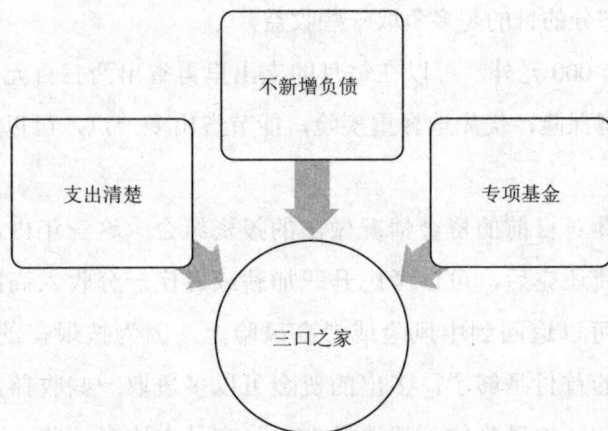

图 18-7　三口之家理财目标

第二是尽量除了房贷外，不要再新增任何负债。每月的信用卡、花呗等要控制在自己的能力范围内。

第三是要提前安排出一些专项基金。因为到了三口之家阶段，大部分都希望小孩能受到良好的教育，所以早早要给小孩准备好教育基金，为他将来上大学做准备。另外就是提前给自己准备好养老基金，等自己退休后可以给小孩减轻压力，不需要他来负担自己的生活和医疗支出，不像自己现在这样，除了小的外，还要负责老的。还有富余的情况下，还可以提前给小孩准备好买房结婚等大额支出费用。也就是这个阶段不能只考虑当下，要多为以后考虑。

再来看一个真实案例。整个家庭的收入每月在 8 000 元左右，每个月要还房贷 3 000 元，还有 21 年才能还完。这个负债的占比还是比较合适的，每个月可以有 5 000 元的节余。

如果负债占比较大，如每月收入为 7 000 元，光还房贷就要还 5 000 多元，每月只能节余不到 2 000 元，日常支出和小孩的学费等根本不够用。这种情况下建议把房贷的还款时间拉长一些，本来要还 15 年的，建议延长到 30 年。总的还款金额是多了，但每个月还的金额可以少一半，能有更多的节余用在其他支出上，压力也会小一些。

回过头来再来看案例中的家庭成员，小孩已经过了幼儿园阶段，在上小学，8 年后要上学了；双方父母都是农民，没有退休金，也没有任何的医保等，完全要靠他们来养老，但目前暂时还用不到。他的现状是每个月的支出很混乱，没有进行合理的规划，也没有提前为小孩学费和父母养老准备资金做规划，反正就是发了工资就放在银行卡上，用的时候就花，很多资金都不清楚用到哪儿了。

好的一点是在单身阶段和二人世界阶段，没有月月光，这几年下来还有一些储蓄，目前有将近 10 万元的资金可以用，如图 18-8 所示。目前只存了一个银行定期，没有进行合理的投资，也在纠结要不要提前还部分房贷。除了这些以外，还有买车的想法，但一直没做出决定，也是怕买车以后负担更重。

整体来看他的经济情况还可以，每月有节余，而且还有储蓄，问题是没有提前进行规划，没有做好之后的准备。具体配置步骤如下。

首先看负债。他的负债在一个合理范围内，所以不需要做任何改变，同时也建议不再新增负债。再新增一个车贷，每月按 2 000 元算，每月节余只有 3 000 元，无法满足各种支出。所以买车计划要往后放，等收入有所增加后再考虑。

其次看备用金。这里可以不用专门去准备备用金，因为已经有 10 万元的储蓄，完全可以作为备用金。一部分作为自己日常支出的备用金，另一部分作为父母医疗的备用金。不管是自己遇到失业没收入了，还是父母生病住院了，都可以拿来应急。所以这部分也不建议提前还房贷。

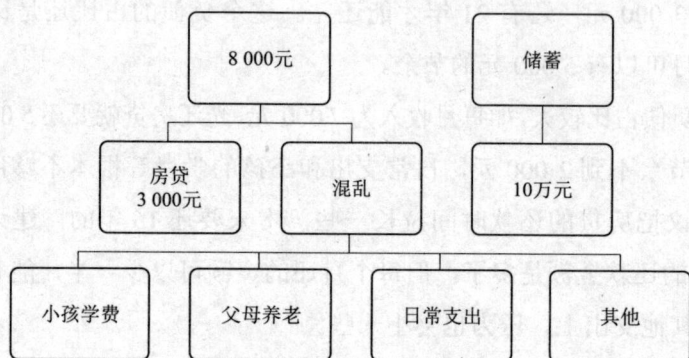

```
┌──────────────┐        ┌──────────────┐
│   8 000元    │        │    储蓄      │
└──────┬───────┘        └──────┬───────┘
       │                       │
  ┌────┴────┬────────┐    ┌────┴────┐
┌─────────┐ ┌─────────┐  ┌─────────┐
│ 房贷    │ │ 混乱    │  │ 10万元  │
│ 3 000元 │ │         │  │         │
└─────────┘ └────┬────┘  └─────────┘
                 │
    ┌────────┬───┴────┬────────┐
┌────────┐┌────────┐┌────────┐┌────────┐
│小孩学费││父母养老││日常支出││ 其他   │
└────────┘└────────┘└────────┘└────────┘
```

图 18-8　三口之家收支情况

　　最后看每月节余的 5 000 元如何分配。一是准备好小孩的学费。现在上学学费用不了多少，主要是参加各种兴趣班的费用比较多。兴趣班的费用一年要一万五六，平均到每个月就需要准备 1 500 元。这 1 500 元建议每月都攒下来，平时不准备，等到要一次交费时可能拿不出来或者是交了以后其他支出就不够了，每月都专门攒下一些，专款专用就不用担心。因为这部分是短期内就要用的，所以风险要低，追求保本，可以选择货币基金。每月定投一只货币基金，一发工资就转入 1 500 元，要交费时再取出来。

　　另外，每月的各种日常支出最少需要 1 000 元，再多准备 500 元，也就是每月有 1 500 元用于日常支出。这部分资金不需要专门购买理财产品，因为他平常大多是用支付宝进行支付，所以放到余额宝里即可。

　　这样每月 5 000 元减去 3 000 元的支出，还有 2 000 元可用。这 2 000 元中还要拿出一部分给小孩提前准备上大学的费用。具体要准备多少，可以搜索"子女教育基金"计算器进行计算。

　　如图 18-9 所示，现在离上大学还有 8 年，预计大学按 4 年计算，每年学费按 8 000 元计算，年化收益率按最低 4% 计算。计算结果是每年要准备 3472.89 元，平均到每月也只需 300 元。再多准备一些，每月拿出 500 元给小孩准备大学费用。这 500 元同样可以采用定投的方式，定投一只被动型指数基金来进行。指数基金的收益肯定比 4% 高，到时候不只是学费，生活费也可能都有保障了。

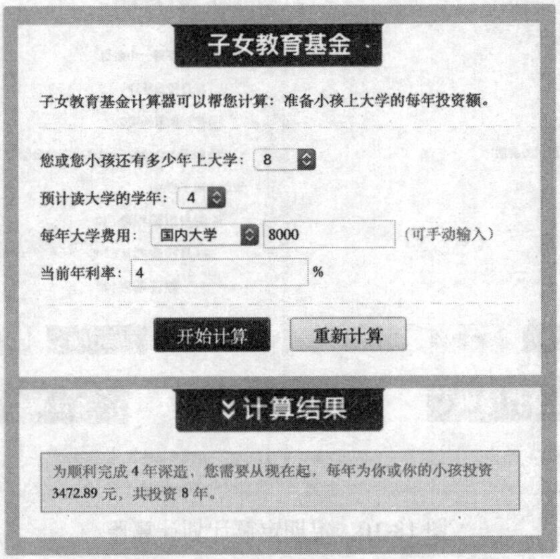

图 18-9　子女教育基金计算器

这样 2 000 元还剩下 1 500 元，拿出 1 000 元作为双方父母的养老费用。先每月给双方父母各 500 元的生活费，如果目前不需要，就先攒起来。这部分同样要选择低风险的，可以定投一只债券基金，实现保本增值。到父母需要时再拿出来给对方，不需要就一直存着，为看病医疗用做准备。

最后剩下 500 元，可以早早开始给自己准备养老金。自己的养老费用越早准备越好，可以简单计算一下，搜索"定期定额计划"计算器。

如图 18-10 所示，预期投资回报率按 4% 计算，每个月投资额度为 500 元，20 年后可以拿到 183 387.31 元。这 183 387.31 元用于养老，简单的生活费是够用了，医疗费就可能不太够了。换成预期投资回报率为 10% 的，20 年后可以拿到 379 684.42 元，不管是生活费还是医疗费，也够用了。所以这 500 元钱建议定投一只指数基金或者股票基金，指数选择增强型的，收益大多比 10% 高。这样 20 年后养老就可以靠自己了，不需要再靠小孩，可以给小孩减轻一些压力。这还只是按 20 年计算，按 30 年计算，金额又会变大，所以越早准备越好。

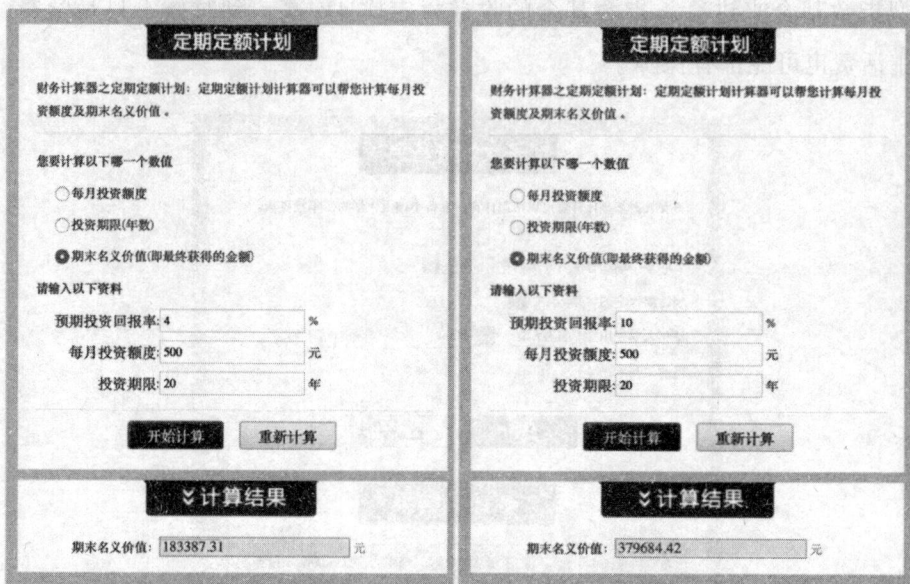

图 18-10　定期定额计划计算器

如图 18-11 所示为三口之家配置。

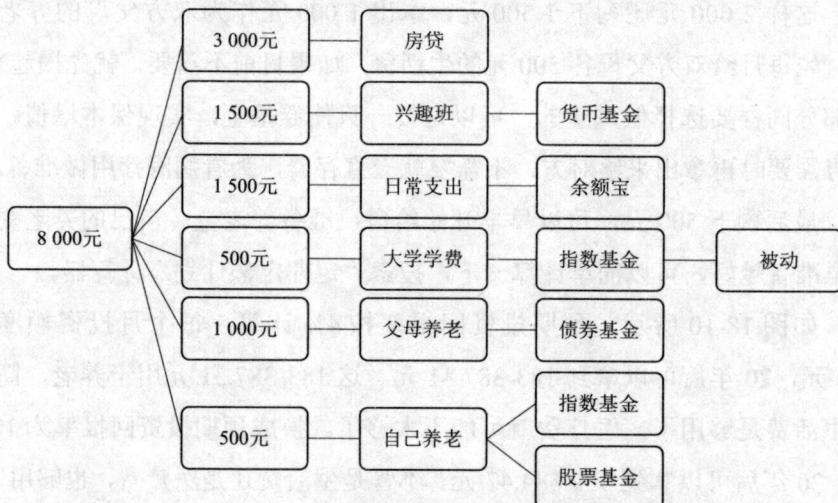

图 18-11　三口之家配置

这样划分完来看，每月 5 000 元都有了对应的用处。所以保险就先不配置了，因为没有多余的资金，后续收入增加后再进行配置。先给大人配置重疾险和意外险，再给小孩配置重疾险，父母因为年龄大了，这个年龄段不适合买保险，所以暂时不考虑。如果收入一直无法增加，需要从其他支出里省出一些配置保险，选择保障型的，保费低，保障范围还广。

　　这是每个月支出的分配情况，再来看现有 10 万元具体如何分配。这里建议分为两部分，一部分拿出 5 万元作为父母的医疗备用金。现在只要住院就需要交押金，后续还会有其他费用，要多准备一些，而且具体什么时候用不确定。所以这 5 万元是要保本，低风险的，而且能够随时支取。可以购买货币基金或者纯债券基金，直接选择一只基金一次性买入即可。

　　剩下的 5 万元作为自己日常生活的备用金。如果风险接受度是低的，同样还是选择长期纯债券基金；如果能够接受中高风险的，选择中等风险的混合基金来进行，可以偏债券，也可以各占一半，如图 18-12 所示。

　　这 10 万元在没有特别紧急的情况下不要动，如果动用了，后续还要补上。

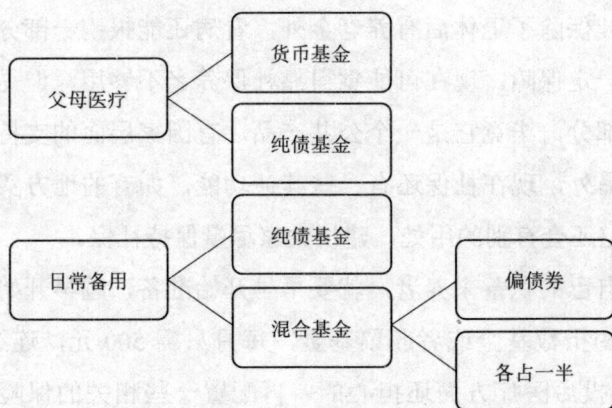

图 18-12　现有资金配置

　　整体来看，每月 8 000 元的收入还是有些紧张，所以一方面需要增加收入，另一方面还要减少一些支出，同时不新增负债，规划好现在的同时，多为下一代准备一些，以减轻他们的压力。

18.4 养老阶段

经历了上述三个阶段，最后进入养老阶段。该阶段最大的特点是无工资收入，养老都是到了退休年龄，所以不会再参加工作。收入来源主要有三种：一是靠养老金，二是靠自己的积蓄，三是靠子女的支持。

这里提醒想要靠养老金养老的朋友们，社保一定要按时缴纳，而且缴纳的时间越长越好。之前有位朋友问我，他们公司可以选择不交社保，这样每个月还会多发几百元。感觉靠社保养老不够用，还不如现在每月多领几百元自己攒起来。

首先这样操作是违规的，对自己是有一定损失的。社保分为两部分，这样操作只是领取到个人部分，社会部分完全没有了，虽然不到退休取不出来，但也是强迫自己储蓄的一种方式。有多少人说要攒起来，最后却都花完了。每月少几百元并不会让你的生活质量变得很差，但可以让你退休有保障。建议不要只看当下多几百元，要看长远，社保还是要交的。

其次，社保除了退休后有养老金外，看病还能报销一部分，对生活和医疗都能有一定保障。现在可能觉得靠社保养老不够用，但是要关注到它的医疗保障部分，毕竟它是一个公共产品，有国家层面的支持，保障只会越来越好。另外，现在社保还有一些其他功能，如有的地方买房都要看社保，后续肯定还会有别的用处，建议大家尽量保持社保。

想要靠自己的积蓄来养老，就要早早开始准备，越早开始越好。定投一只高风险的指数基金或者股票基金，每月只需 500 元，连续定投 20 年或 30 年。定投后医疗方面还担心的，再配置一些相关的保险，可以考虑配置重疾险和医疗补充险，来个全方位的保障，减少自己在医疗方面的支出。

最好的方式是通过社保和自己储蓄两种方式共同来养老，这样更全面，也更有保障，甚至生活质量还会高一些。因为不只有社保的养老金，还有自己定投的基金收益。医疗方面有社保也有自己的保险，各方面都不需要担心，如图18-13所示。

最坏的方式是通过子女来养老。想想自己现在的压力，上有老，下有小，这种压力还想继续让自己的子女来承担吗？还是自己在年轻时早早准备，到时候让子女只顾小孩就可以，减轻他们的压力。

养老金	积蓄	子女
· 社保	· 定投基金 · 医疗保险	

图18-13　养老方式

这三种养老方式，不管采用哪一种，到了这个阶段风险接受度肯定都属于低的，与单身阶段正好相反，高风险的配置比例最好不要超过30%，以低风险保本为主。

理财目标一是要保障自己每个月的日常支出，二是保障生病住院后医疗方面有保障，这两部分都有保障了，再来说其他的。

来看一个真实案例，是一位朋友他父母的情况。父母双方已经退休，年龄超过了65岁，每个月社保发1 800元的养老金，手上还有15万元左右的储蓄。

这种情况已经很好了，有社保，不管是日常支出还是医疗方面都有保障，而且还有一些积蓄用于应急。每个月1 800元完全够日常支出，还能省一些，对子女来说暂时没有任何负担。现在主要是想每年多出一些旅游支出，因为退休了闲着没事做，每年都计划出去旅游一两次，费用在10 000~15 000元。

根据他们的这种情况，每月支出不需要进行规划，因为除了日常支出外，没有别的地方需要支出。主要看能不能通过投资组合的方式，把每年的旅游资金理出来，即每年想有 10 000~15 000 的收益。

一种方法是把现有的 15 万元全部用于投资，选择年化率在 10% 左右的，15 万元的 10% 就是 15 000 元，这个目标就可以达到。但要达到 10%，对应的风险就属于中高风险。这 15 万元全部用于投资中高风险的，有可能亏损，这样对自己医疗方面就没有保障了，所以不建议采用这种方法。

建议把 15 万元分开，10 万元选择低风险的，保障自己的医疗支出，剩下的 5 万元再考虑中高风险的，为自己换取一些收益。10 万元建议买一只纯债券基金，按 4% 计算，一年也有 4 000 元的收益；5 万元建议买一只混合基金，偏股的，按 10% 计算，也能有 5 000 元的收益。这样每年可以有 9 000 元的收益，也能满足一次旅游了。

同时再从每月的支出里省下一些，每月省 800 元，一年能省下 9 600元，又可以满足一次旅游需求。每月的 800 元同样购买一只纯债券基金，就算不去旅游，也能多储蓄一些，如图 18-14 所示。

图 18-14　养老阶段配置

作为子女来说，不管父母现在需不需要你养老，都建议每个月拿出一部分做好准备。用的时候可以直接拿出，不会影响其他支出；一直不用，可以作为自己的储蓄。

另外，不管你现在处于什么阶段，只要参加了工作，就要早早开始考虑自己的养老问题，社保一定要交，每月定投一只高风险基金作为自己的养老金，再配置一些医疗方面保险，这样就可以高枕无忧地养老了。